子がいない人の
終活・手続き
あんしん帖

日本エンディングサポート協会理事長
佐々木悦子

池田書店

この先もあんしんして過ごすために ～今を生ききる～

人生１００年という長寿社会において、この先誰もが「一人で生きること」を想定しなければならない時代が到来しています。過去20年間で3万人以上の方に終活について講演を行ってきましたが、多くの参加者が「元気なときには考えることがなかったが、家族の介護や死をきっかけに自分の最期について考えるようになった」と語っています。特に子がいない方から受ける終活相談には、「経済的な問題」「健康上の不安」「孤独感」という「３Ｋ」の生活不安を解決したいという切実な願いが込められています。

これからの終活は、自分で行動し解決する「自己力」を身につけ、「子がいなくても大丈夫」と思えるようになるための取り組みです。３Ｋ問題を解決するために、なるべく早く人生設計の見直しを始めましょう。定年後の健康なセカンドライフは、人生の方向転換がまだ可能な重要な時期といえます。将来の収支をシミュレーションして必要に応じて再就職や財テクをし、できるだけ長く健康を維持しつつ、いざというときの協力者づくりに励むことです。そして、この取り組みは介護が必要となるエンディングライフに大きな影響を与えます。これら活動は「生ききる」ための人生の根回しなのです。

そうはいっても、終活を始めようとしても何から手をつければいいかわからない

子がいない人の

終活・手続き あんしん帖

日本エンディングサポート協会理事長
佐々木悦子

池田書店

という声もよく寄せられます。終活には多くの課題が存在します。例えば、生前整理としての断捨離や資産の管理、介護が必要なときにお世話やお金の管理をする信頼できる人の選定、お葬式や遺産分割などの死後の手続き、残された資産の使い道など、取り組むべきことが山ほどあります。

　そのうえ、生前整理以外の課題は自分一人で解決するのが難しく、子がいない場合、ほかの人を頼らざるを得ません。これらの課題は親の介護や看取りを経験するくらいで、ほぼ初めて対応するという方がほとんどでしょう。手続きのための法律や制度も複雑で、プロの助けを求めようにも常にお金がついてまわります。また、住む地域の行政を頼りたくても、そもそも終活相談窓口が存在しないこともあります。そうなると、自分で何とかするしかありません。それはとても心細いことです。親を見送るとき、親には自分という子がいたけれど、自分の番が来たとき頼れる子はいないのですから。

　本書は、そのような方々に寄り添うために執筆しました。終活の各段階でどの情報を協力者に伝えるべきか、また託された側は何から始めればいいのかの指標としていただけましたら幸いです。動き始めてから気づくこともたくさんあることでしょう。

　人は最期まで思い通りに生きたいと願うもの。本書を活用して、あなたの希望により叶う生活を続け、その延長線上に納得のいく最期を迎えられるお手伝いができることを心から願っております。

佐々木悦子

これから起こることを想定して備えましょう

何がある？どう備える？

自分自身のエンディングライフについて不安や悩みが現れたとき、具体的に将来を見据えて備えることは安心をもたらす大切なステップです。できることから始めてみましょう。

	起こり得ること	解決するための「備え」	できたら○印	相談先
まだまだ元気	仕事、体調、親の介護など漠然とした不安にかられる	★親族の状況を把握する（⬇P．6） ●定期健診に行き健康状態などを把握する、介護予防に努める		かかりつけ医 自治体の市民健診担当窓口
		★暮らしにかかるお金を把握する ★財産目録をつくる（⬇P．8・10・88） ●人生設計をする		ねんきんネット 日本年金機構
	親が突然介護が必要に 仕事と介護の両立に苦戦	●親の住まいの近所にあいさつしておく（⬇P．34・36） ●自分も、かかりつけの病院をつくっておく		かかりつけ医
		●親のケアプランをケアマネジャーに相談する（⬇P．42〜）		市区町村の高齢福祉課 地域包括支援センター
		●自分の勤務先に介護休暇等がないか確認する		勤務先の福利厚生部門
	親が他界 親族と相続トラブルが発生し関係が悪化	●親に財産目録の作成を依頼する（⬇P．10） ●生前贈与の有無、遺言書の有無についても確認する（⬇P．106） ●もめる要素があれば弁護士に相談する		行政書士、司法書士、税理士、弁護士など
		●認知症の不安があれば、家族信託、成年後見制度などを検討する（⬇P．28）		地域包括支援センター 社会福祉協議会
セカンドライフ	定年退職を迎え、人とのコミュニケーションが減る。気力・体力も低下し、付き合いが面倒に	●見守りサポートなどが受けられるか相談する		社会福祉協議会
		●地域、SNSなどで外部とのつながりをもつ（⬇P．34）		自治会 市区町村の高齢福祉課
	病気・ケガなどで入院 退院後は誰かのサポートが必要になる	●買い物、外出サポートを相談する（⬇P．40）		市区町村の高齢福祉課
		●ヘルパーや訪問看護師などの訪問サービスを受けたい場合は、介護申請をする（⬇P．44）		病院の医療ソーシャルワーカー

※★印は事実婚、同性婚などパートナーと婚姻関係にない場合、特に取り組んだほうがいい項目

物忘れが増え、認知症に対する不安がよぎる	●見守りサービスを依頼する		社会福祉協議会
	●任意後見契約を結ぶ(⬇P.28)		地域包括支援センター、社会福祉協議会、司法書士
生きている間に財産を使い切れそうにない	★遺言書を作成、付言事項も書いておく(⬇P.98・100)。公証役場などで保管		法テラス 行政書士、司法書士、弁護士
嫌いな親族にお金を渡したくない	★相続専門税理士に相談し、最終的にどれくらいの税金がかかるのかを試算しておく(将来かかるお金のリスクも考慮)		相続専門税理士、税理士
パートナーが他界 金融機関のネット取引アカウントのIDやパスワードがわからず遺産分割協議に入れない	★ID、パスワードを書き記しておく(⬇P.20・とじ込み付録) ★エンディングノートなどを作成しておく		後を託すと決めた人にはノートなどの存在を伝えておく

エンディングライフ

自宅を売却し介護施設に入所を検討 思うように自宅が売却できない	●自治体が運営する空き家バンクに登録する(⬇P.54)		国土交通省ホームページ
余命の宣告を受ける 終末期は、自分の意思を大事にしたいと願うようになる	★信頼のおける人と人生会議(アドバンス・ケア・プランニング)を開き、「延命治療をしない」「最期は自宅で」など自分の意思を明確にする(⬇P.62)		かかりつけ医 ケアマネジャー
墓じまいを望むも手続きを行う体力も資金もない 将来の自分の埋葬方法について想いをめぐらす	★親族や菩提寺とよく話し合う。永代供養墓のほか、自然葬などの墓を選択肢に入れる(⬇P.82)		寺院、霊園
	★死後事務委任契約を結ぶ。契約書は公証役場などで保管(⬇P.82)		行政書士、司法書士、弁護士、信託銀行
葬儀と死後手続きを頼める人が見当たらない	★信託銀行や司法書士などの専門家と死後事務委任契約を結ぶ(⬇P.80)		行政書士、司法書士、弁護士、信託銀行
遺産をめぐって遺族間で相続トラブルが発生する	★遺言書を作成。公証役場などで保管(⬇P.98)		法テラス 行政書士、司法書士、弁護士
遺産は世話になった人や慈善活動団体にあげたいが、希望どおりにしてもらえるか不安	★特定の人や団体へお金を渡したい場合は遺言書によって指定 ★お世話になった人への暦年贈与、慈善活動団体への遺贈を考える(⬇P.94)		贈与は銀行 遺贈は弁護士

私を取り巻く人たち

親族や周囲の人を改めて確認しましょう。家系図は相続だけでなく、認知症発症後、成年後見人選出の際にも役立ちます。身のまわりのことや死後のことを依頼したい人についても考えましょう。

第二順位

□ 父

□ 母

両親が離婚して、籍が離れていればその親は法定相続人ではない。

※両親とも亡くなっていて、祖父母が存命の場合は、祖父母を入れましょう。

□ 私

※枠の中に名前を書き込みましょう。

第三順位

□ 兄弟姉妹

□ 兄弟姉妹

□ 甥・姪

□ 甥・姪

兄弟姉妹が亡くなっていればその子（甥・姪）が相続する。遺留分はない。

相続したい人、頼りたい人

相続したい人	名前： TEL：	名前： TEL：	名前： TEL：
見守り・生活・成年後見サポート	社会福祉協議会 担当名： TEL：	民生委員 氏名： TEL：	成年後見人 氏名： TEL：
医療・介護全般	地域包括支援センター ケアマネジャー名 TEL：	かかりつけ医 病院名： 医師名： TEL：	訪問看護ステーション 管理者名： TEL：
その他	弁護士 氏名： TEL：	司法書士 氏名： TEL：	税理士 氏名： TEL：

図を完成させるとき、関係性を表すのに利用してください

- ＝　配偶者
- ≈　結婚していない同居のカップル
- ～　同居も結婚もしていないパートナー
- ≠　元配偶者
- ｜　血縁の子孫
- ¦　養子縁組による子孫
- ⌐¬　兄弟姉妹をつなげる

※亡くなった方は、□に印をつけましょう。

配偶者の兄弟姉妹も法定相続人。相続させたくない場合は、遺言書を書いておく。

事実婚や同性婚の場合、法定相続人ではないので、遺言書に遺贈の意思を示しておく。

✻　私が希望する人に財産を譲りたい…

法律上の配偶者ではないパートナー	パートナーとの間で養子縁組し、戸籍上で親子となり相続
お世話になった人	遺言書を作成し遺贈 生前贈与をすると本人の喜ぶ顔が見られる
慈善事業団体	遺言書を作成し遺贈

法定相続人には、遺言書よりも
強い効力で相続権が保障される人がいます。

【遺留分の割合】　遺留分とは、相続人が最低限の相続分を保障された権利

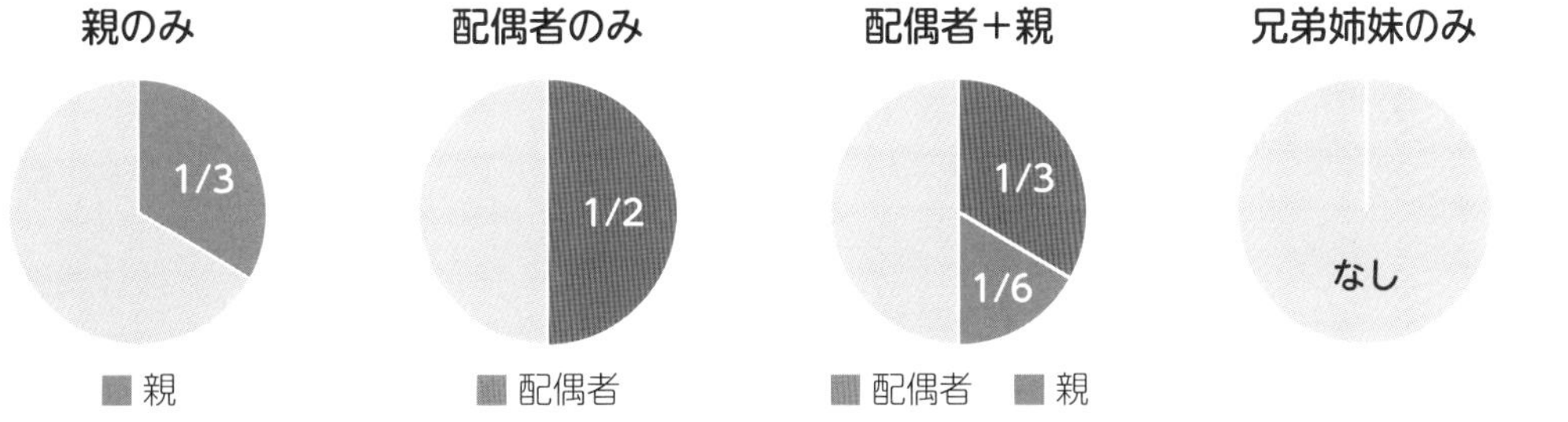

遺留分が認められるのは、配偶者や子ども、親などの直系の親族に限られます。兄弟姉妹や甥・姪などには遺留分が適用されず、また、遺留分権利者の中には法定相続人とは異なり、優先順位が存在しないことが一般的です。

暮らしにかかるお金を考える

年齢とともに活動範囲、健康状態や金銭事情も変わってくるので、数年に一度見直しをしましょう。

生活費は、大きく固定費と変動費に分類されます。この違いを簡単にいうと、毎月定額でお金がかかるかどうかです。

月間支出（生活費）

	項　目	毎月出ていくお金
固定費	公共料金等（水道代・ガス代・電気代・NHK受信料）	円／月
	住居費（家賃・住宅ローン・マンション管理費・修繕積立金・火災保険など）	円／月
	通信・課金等（携帯電話関連、動画・音楽などの有料会員、ゲームなど）	円／月
	交通・自動車維持（自動車ローン・駐車場代・ガソリン代。保険・車検等は、かかる費用を月割にする）	円／月
	公的保険・民間保険会社の保険料（生命保険・医療保険・健康保険・介護保険など）	円／月
	その他	円／月
変動費	食費・日用品・衣類・雑貨代	円／月
	医療・介護	円／月
	教養娯楽・交際費・小遣い	円／月
	その他	円／月
	合計	円／月

合計額に12を掛けると1年間の支出の金額を確認することができます。

書き出すことで支出の傾向が見えてきます。生活費を見直す機会にしてくださいね。

特別支出

税金等	固定資産税	円／年
	自動車税	円／年
	住民税	円／年
	その他	円／年
ライフイベント	旅行	円／年
	イベント	円／年
	その他	円／年
	合計	円／年

住民税は、前年の1～12月の所得をもとに計算されるため、翌年が無収入でも発生しますので注意。

臨時支出　いつ発生するかわからない出費

緊急・突発	冠婚葬祭	円／年
	親または自分の医療（手術・入院）・介護施設入所費など	円／年
	住宅のリフォーム	円／年
	引越し代・敷金・礼金など	円／年
	合計	円／年

意外と見落としがちなのが臨時支出です。自分に当てはまるものを書き出してみましょう。しっかりと把握することで貯蓄額を増やすチャンスにつながります。

（月間支出×12＋特別支出＋臨時支出）× ［　　年］ ＝ ［　　円］

この先、生きると想定した年数を掛けて、生涯の支出を算出します。

将来の収入

	項　目		将来入るお金
①	給与・事業収入	収入は、税引き後の手取り金額で試算。	円／月
②	老齢年金	基本、65歳になると受給できますが、開始時期を繰り下げると受給額が増えます。	円／月
③	その他年金（確定給付企業年金・確定拠出年金など） ※一時金でもらう人は、④と同様に考える。		円／月
④	退職金		円
⑤	その他特別収入 親の遺産・配当など		円

① ［　　円］ ×12× ［年数　　年］ ＝ ［　　円］

② ［　　円］ ×12× ［受給年数　　年］ ＝ ［　　円］

③ ［　　円］ ×12× ［受給年数　　年］ ＝ ［　　円］

①〜⑤**の合計＝** ［　　円］

この合計金額に資産（次ページ参照）をプラスして右ページから計算した生涯の支出額より多ければ安心です。
お金が足りないときは、収入を増やすか支出を見直す必要があります。

収入と支出のバランスはどうですか？　もし支出のほうが大きければ、今すぐ生活費の見直しをすることをおすすめします。
特に固定費の削減が成功すれば、将来の収支計画に効果を出すことができます。

財産目録をつくる

長い老後を安心して暮らすためには、現在の自分の財産状況を知り、将来に必要な資産を早いうちから備えておくことが大切です。

財産目録を作成する際、資産だけでなく負債もしっかりと把握することが重要です。また、金額だけでなく財産を管理するにあたり注意すべきことを以下にまとめました。とじ込み付録の財産目録の表をご利用ください。

資産	記載しておくとよいこと
現金	タンス預金していたことを忘れずに。いざというときに、現金がすぐに必要なことも。手元に若干まとまったお金を置いておくと安心。
預貯金	残高のほかに預貯金の種類は必ず書いておきたい。キャッシュカードの暗証番号や保管場所を書くことに抵抗がある場合は、サポートしてくれる人がわかる合言葉で暗証番号を共有するのもよい。
有価証券 （株式、投資信託、国債、社債、外貨預金、手形、小切手など）	上場株は、今の時価で評価額を計算。証券会社が管理していない未公開株や勤め先の自社株は特殊な計算法のため、会計士などに計算してもらうのがベスト。報告書などの郵送物はファイリングして保管。
生命保険、損害保険等 （本人が契約者または受取人になっているもの）	保険の満期や解約返戻金があれば記載。生命保険には、掛け捨てのものもあるので注意。受け取る保険金には税金がかかる。
不動産	価値を調べるには、いくつか方法があるが、ひとまず、固定資産税の納税通知書に記載されている公示価格の70％程度が目安。詳しくは土地家屋調査士に調べてもらうと安心。登記簿謄本は再発行できないので、厳重注意。
動産 （自動車など）	車はネットで参考価格を調べてから店舗等のディーラーに相談。自動車税納税証明書は大切に保管しておく（ネットや電子マネーで支払うと発行されない）。
その他 （美術品、親の遺産など）	骨董品、美術品、宝石、貴金属、高級ブランド品、ゴルフ・リゾートホテルなどの各種会員権、特許権などの権利関係など。臨時の収入があった場合には、記載しておく。

ネット証券、ネット銀行は通帳がないのが一般的。すべての管理元のログインIDやパスワードは、一覧表にまとめ、こまめに確認しましょう（とじ込み付録）。

①資産合計　　　　円

とじ込み付録の使い方

<財産目録>

このページを参考に、自分の資産を書き出してみましょう。

<パスワード管理表>

メールアドレスを複数持っている場合、どのアドレスで登録したかもわからなくなりがちです。また、使っていないサービスを解約する機会にもしましょう。

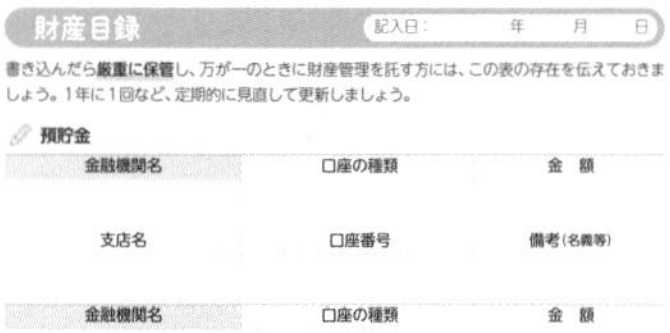
財産目録　記入日：　年　月　日

書き込んだら**厳重に保管**し、万が一のときに財産管理を託す方には、この表の存在を伝えておきましょう。1年に1回など、定期的に見直して更新しましょう。

預貯金

金融機関名	口座の種類	金　額
支店名	口座番号	備考（名義等）
金融機関名	口座の種類	金　額

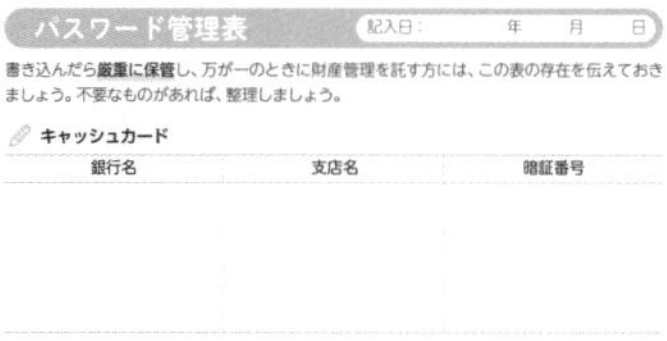
パスワード管理表　記入日：　年　月　日

書き込んだら**厳重に保管**し、万が一のときに財産管理を託す方には、この表の存在を伝えておきましょう。不要なものがあれば、整理しましょう。

キャッシュカード

銀行名	支店名	暗証番号

切り取って書いたあとは、厳重に保管しましょう。死後を任せたい人には、保管場所を伝えておきましょう。

負債	
住宅ローン	残高証明書などを確認して記載。団体信用生命保険に加入しているかどうかも確認。
車両ローン	残高証明書などを確認して記載。車検証の名義を確認しておく。名義が異なると売却や廃車ができない。
クレジットカード	明細書はくまなく確認。有料で動画や音楽配信サービスに加入していたら、明記しておく。
友人・知人からの借り入れ	借り入れがあれば契約書などを用意して、借り入れ先とその連絡先も明記しておく。
その他	

②負債合計 [　　　　円]

現在の財産は [①　　　円] − [②　　　円] ＝計 [　　　　円]

将来やりたいことを書き出して資産状況とのバランスを見ながら実際に取り組んでみてもいいでしょう。

【将来やってみたいこと：将来出ていくお金】

(例)四国お遍路と御朱印集め
往復交通費　●●●●円　×　●日　＝合計●●●●円

おひとりさまの生活費、みんなはどれくらい？

総務省統計局「家計調査年報」によると、2022年65歳以上の単身無職世帯（高齢単身無職世帯）についてみると、月当たりの実収入は134,915円。消費支出は143,139円なので、毎月8,224円の赤字です。このまま100歳まで長生きしたとすると、赤字は3,454,080円になる計算となります。やはり年金だけを頼るのは厳しいといえます。

私らしいお別れ

本書では、自分じまいをどうしていくかを、前向きに考えていきます。詳細は16ページ以降に譲り、ここでは何を考えていくかをつかみ、今、考えていることをまとめていくことにしましょう。

確認しておきたい「今の私」

入院・介護の手配をする人は	□ いる ※入院・介護などについては、自治体の高齢福祉課などに相談できます。	□ いない
病院に支払うお金は	□ 預貯金や保険がある	□ ない
医療保険に加入を	□ している	□ していない
任意後見人と契約書を	□ 交わしている または交わす予定	□ 交わしていない
介護についての希望は	□ ある	□ ない

確認しておきたい「最期に向かう私」

病名の告知は	□ してほしい	□ してほしくない
余命の告知は	□ してほしい	□ してほしくない
延命治療は	□ 受けたい	□ 受けたくない
どこで最期を迎えるか	□ 決めている	□ 決めていない
どう看取られたいか	□ 決めている	□ 決めていない
葬儀について希望は	□ ある	□ ない
自分の財産 (資産と負債)は	□ 把握している	□ 把握していない
遺言書は	□ 書いてある	□ 書いていない
相続をどうするか	□ 決めている	□ 決めていない
遺品の処分方法は	□ 決めている	□ 決めていない
お墓をどうするか	□ 決めている	□ 決めていない
エンディングノートは	□ 書いてある	□ 書いていない

＊ 決めるときのポイント ＊

終の棲家や葬儀など、お金や人の手がからむことを決めていかなければなりません。

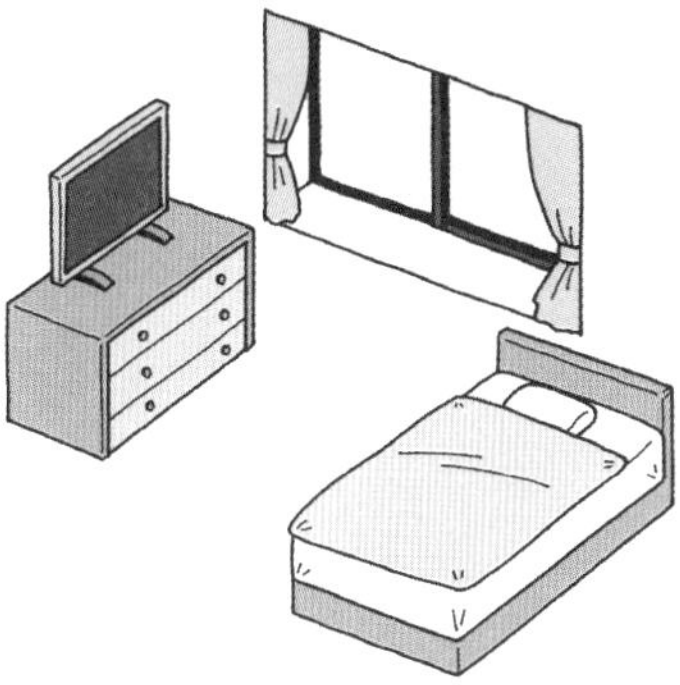

終の棲家はお金もからむ問題。高齢者施設に入るのか自宅で過ごすのか、自宅で住むためにリフォームをする（➡50ページ）、施設に入るために自宅を処分する（➡54ページ）など。賃貸で住んでいる場合は契約更新ができない（➡52ページ）ということもあり得ます。

遺産は行き先をしっかり考え、しかるべき遺言書を作成しておくと安心です（➡98ページ～）。元気なうちに、司法書士などに相談するのもいいでしょう。

葬儀についても、具体的に伝えましょう（➡80ページ）。また、子がいない場合、お墓は継承していきにくいものですが、お参りしている親族との兼ね合いもあり、自分だけで決められないこともあります。親族にはよく説明し、住職に相談するのがいいでしょう。

人に託す際には配慮が必要です。それが実行可能であること、また見合った報酬がセットになっていることが大切です。例えば、祭壇をヒマワリの花で埋め尽くしてほしいとお願いしていても、それが冬だったら難しいですよね。

確実に実行してもらうには、具体的な内容とそれに見合った報酬を示した契約書を交わすのがいいでしょう。判断能力があるうちに、結ぶ必要があります。

目次

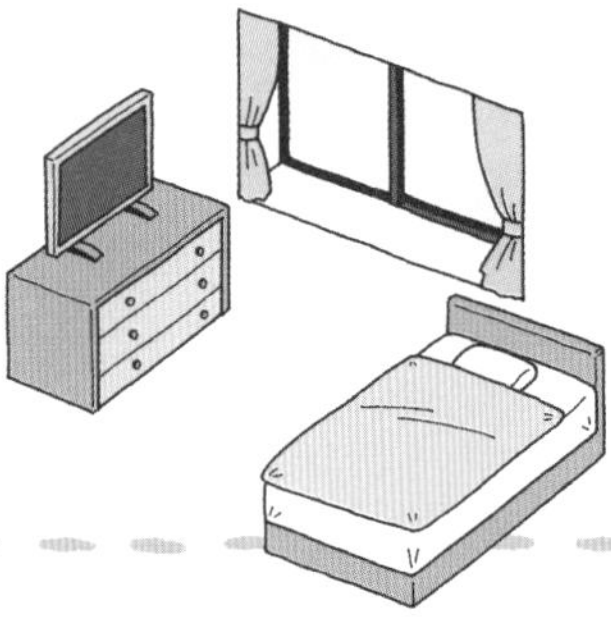

〇〇家之墓

遺言書

1

判断力があるうちに

この章でわかること

- 物の整理
- 今後を託す契約
- 認知症になる前にすべきこと

誰にも迷惑をかけずに安心して老後を過ごしたいと思うとき、判断力があるうちに「お金」と「人」をどれだけ備えられるかが鍵となります。

まず「財産はどれくらいあるのか」です。財産を把握する理由の一つは、あなたをサポートしてくれる人の多くが、介護や葬儀などにかかる経費をあなたのお金で何とかしたいと思っているからです。実際、あなた自身も親の世話をする際に同じように考えたことはありませんか？

また、最近はスマートフォンなどで財産管理をしている人も多く、IDやパスワードをほかの人に知らせることなく突然亡くなるケースもあります。パートナーがどこに何をしまったのか忘れてしまったということもよくあるケースです。何から手をつければいいかわからないときは家の片付けから始めることをおすすめします。仕分けをしていくうちに、エンディングノートに書き記したいことやあなたをサポートしてくれる人に何を託したいのかを見つける手がかりが生まれるでしょう。

次に「誰に何を託すのか」です。身近に頼れる人がいない場合、理想の終活を実現するため、生前の見守りから死後のことまで司法書士等の専門家、信託銀行や任意団体等と契約を結んでおくこともできます。ただし、この契約は前もって大金を託すケースが多く契約内容の執行時期も先のため、託し先を見極めなければなりません。困ったときの相談窓口も含め、次ページから説明していきます。

身のまわりの整理

元気なうちに整理する

第二の人生を快適に過ごすためには、まず、身のまわりのものを整理して身軽になることから始めましょう。

身のまわりのものを整理

いつの間にか増えた身のまわりのものは、**自分には大事なものでもほかの人にとっては何の価値もない場合も多い**ものです。子がいない場合、遺品の整理をするのは別の親族などなので、なおさらです。だからこそ、元気なうちになるべく減らし、後の片付けで迷惑をかけないようにしたいものです。

家の中で多くの場所を占めているものの代表は**衣類**です。季節や流行・TPOに合わせて買い求めたものですが、**現在、そして今後の自分に必要なものだけを残し、処分する**ことを考えましょう。

次に**食器類**です。来客も減り家族だけで過ごすようになれば、数や種類も少なくてすむはずです。**本当に気に入ったもの、使い勝手のいいものを残して処分**しましょう。

写真を**アルバム**にきれいに並べて保管している人も多いと思います。これも、自分が懐かしく見るもので、**残された人にとっては残念ながら必要のないもの**なので、自らの手で処分したほうがいいものです。**手紙類**も忘れずに処分しましょう。

本、映画のプログラム、CDやDVDなどは読み返したり、見直したりする時間も限られてくるので、処分する必要があります。

整理して保存するもの、売れるもの

保険証券、年金手帳、通帳、税金の納付書などは、あちこちにしまってあると後の処理も大変なので、**ひとまとめにする**など整理が必要です。

切手、時計、貴金属、ブランド品（スカーフ、バッグ、財布など）は使用したものでもフリマサービスなどで売ることもできます。

Check!

処分するもの、売れるもの、保存するものに区別して整理する

□ 処分するもの	衣類、寝具、靴、バッグ、食器、アルバム、旅行土産、記念品、飾り物、郵便物（手紙類）
□ 売ることができるもの	本、CD、DVD、切手、時計、貴金属、ブランド品、電化製品、毛皮製品
□ 保存するもの	保険証券、年金手帳、通帳、税金の納付書などの重要書類。有価証券、権利書などの証書類

※衣類、バッグ、食器などのうち、ブランド品は、売ることができます。
※記念品、飾り物は骨董品としての価値がある場合は、売ることができます。
※映画のプログラムやポスターも場合によっては売ることができるものもあります。

整理の決め手・判断基準

衣類

①用途で選ぶ
- 外出の機会が減るので、普段着を中心に。
- 衣替えしなくてもいいように四季の分を。

②スペースと数で選ぶ
- 洋服タンス、クローゼットなどに入るだけを残す。
- 必要な枚数を決めてから選んでもいい。

③役立ち度で選ぶ
- 色や形が合わせやすいもの。
- 季節を選ばず使えるもの。
- 洗濯がしやすいもの。

食器

①用途で選ぶ
- 来客用のセット食器、重箱など行事に使う食器などは処分する。
- 日常使いのものを中心に。
- 和洋中に使い回せるもの。

②使い勝手で選ぶ
軽いもの、壊れにくいもの、電子レンジに使えるもの。

③スペースで選ぶ
奥にしまいこんだものは結局使わないので、食器棚に1列で入る分だけに絞る。

本・CD/DVD

①売れるものと売れないものに分ける
汚れがひどくない限りは買い取ってもらえるので、まとめておく。

②スペースと数で選ぶ
今後も何度も読みたいもの、聞きたいもの、見たいものを選び、引き出し・本棚に入る数だけを残す。
※図書館で借りるという方法もあるので、思い切る。

写真・手紙・記念品など

①ほかの人が見たらどうかということを考えて処分する
- 紙類はシュレッダーにかけたり住所などを見えなくするスタンプを使うなど。
- カセットテープなどはハサミを入れて再生できないようにするなど。

②どうしても気になるものはデジタルデータに収める

自分でできないときの依頼先

家事代行サービス事業者（民間）

地域、業者によって価格は大きく異なりますが、時間当たり3,000～5,000円は必要になります。また、作業ごと（台所の整理は○○円、衣類の整理は○○円など）の費用を請求する業者もいます。

シルバー人材センター

民間の業者よりも低価格で、家事代行サービス業者と同様のサービスを提供してくれます。高齢者による作業ですが、作業内容については、センターが責任をもってくれるので安心です。

便利屋さん・なんでも屋さん（民間）

名前のとおり、便利になんでも手伝ってもらえます。大きな荷物の移動、不用品の処分まで依頼できます。家事代行サービス事業者以上に、価格の幅があります。どの程度信頼できるか、小さなことから依頼してみるといいでしょう。

身のまわりの整理

デジタルデータや財産の整理

誰もがパソコンやスマホを使う時代になり、その中に残されたものはいずれデジタル遺産に。データの整理が必要です。

パスワードを整理

終活の一つとして整理しなければならないものには、**パソコンやスマートフォンに残っているさまざまなファイル、メール、写真などのデータや、ネットバンキングの口座の預金、ネットで取引する証券口座内の資産、電子マネーのチャージ残高、ネット上の各種ポイントやマイル、暗号資産（仮想通貨）などのデジタル資産**があります。

これらは、**ロック解除できなければデータを整理することもデジタル資産を相続することもできません**。そこで、取引する口座やポイントの種類はなるべく減らして管理しやすくします。さらに、それぞれのパスワードとともに記録して、**紙ベースで残すことが必要**です。もちろん、自分のパソコンやスマートフォンのパスワードも記録しておきます。たまったポイント類は、こまめに使いましょう。

負の財産にも注意

ネットで買い物をしたときの未払い分、動画配信サイトやセキュリティサービスなどの有料契約の利用料金は、**口座の残高がなくなれば、未払いの負債**となってしまいます。死亡が発覚した時点で銀行口座が凍結し、引き落としができずクレジットカードも凍結すると、サービスも利用できなくなることが多いのですが、そうでない場合もあるようです。しばらく放置され、延滞利息などが加算されてから発見されるとトラブルのもとです。また、元本割れの可能性がある株式・投資信託などの取引口座は要注意です。必ず、残された人に見てもらえるようにするか、早めに解約するといいでしょう。**クレジットカードは使用するものを決めて枚数を減らし、有料会員契約は自動継続をやめる**などの対策をしましょう。

Check!

パスワードがわからないとこんなことに！

- □ ネットで取引している口座の財産などの相続ができなくなる
- □ デジタル資産の存在が後になって判明し、相続のトラブルになる
- □ デジタル資産の負債の存在に気づかず、後で利息が増えて多額になってから相続人に請求される
- □ 知人、友人の連絡先がわからず葬儀などの案内ができない
- □ 遺影が見つけられない（アナログの写真は若い頃のものしかない）
- □ 有料会員契約の自動更新に気づかず、後で多額の費用が請求される

デジタルデータ、財産の整理はこうする

パソコン、スマートフォンのデータ

①古いデータを削除

- 過去の仕事関係で使っていた資料などは迷わず削除する。
- ３年前まで、２年前までと保存する期間を決めて、それ以前の古いデータは削除する。

②今後の生活に必要なデータの整理

- わかりやすくフォルダに入れて整理する。
- その後も、こまめにデータを整理する。

パスワードの保管

- パスワードは、紙に書いて事後を託す人に在りかを伝えておく。(➡とじ込み付録)
- SNSのアカウントのIDなども記録しておく。
- 死後事務委任契約の受任者や任意後見人などに伝わるようにする(➡P.26)。

※パスワードは、一定回数を間違えて入力するとさらに厳しいロックがかかってしまいます。費用はかかりますが、わからない場合には専門の業者に依頼するほうがトラブルが少なく済みます。

ネット上のデータ・財産

①文書ファイル、写真など

- ダウンロードしてパソコン内のデータと同時に整理する。

②財産になるもの

- ネットの預金口座は、数を減らして管理しやすくする。
- 各種ポイントは、早めに使ったり、交換して１種類にまとめる。

③負債になるもの

- 有料会員契約は必要なものだけ残し解約する。
- クレジットカードの利用枚数を減らして、不要なものは解約する。決済口座には、先々の支払い分の金額を余分に入れておく。

※SNSのアカウントは直接財産にも負債にもなりませんが、死後に悪用されることのないように不要なものは削除しておきましょう。

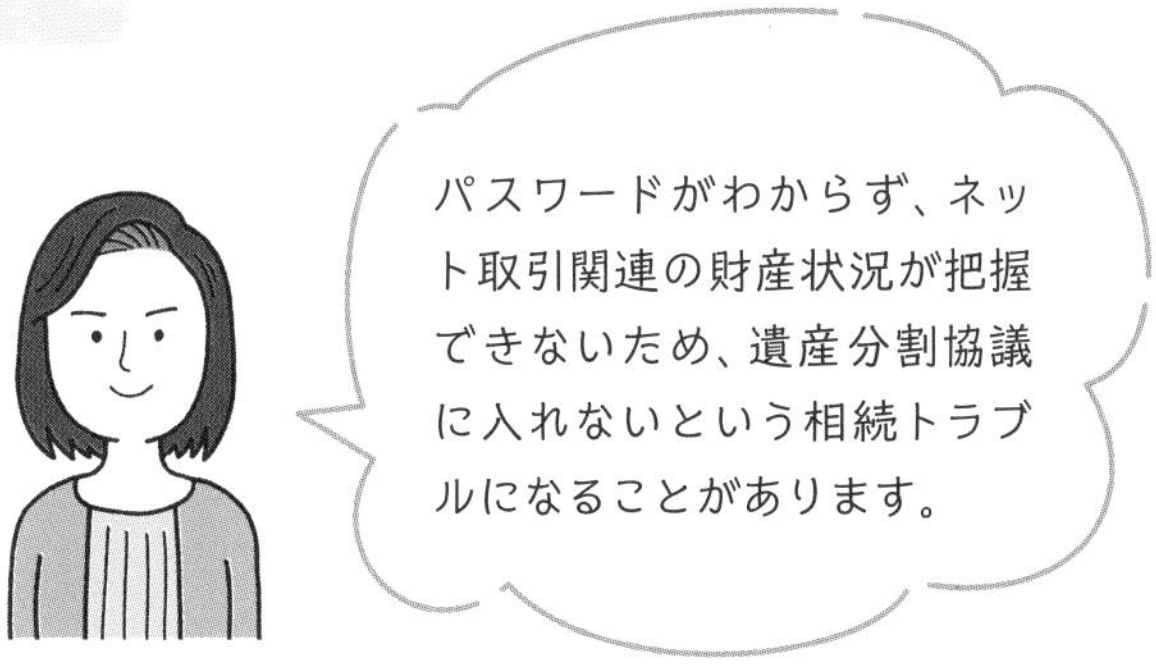

こうするといい！ **SNSのアカウントを削除する**

SNSのアカウントは親族や友人などからの申告で削除することができます。Facebookの場合、事前に追悼アカウントに移行するか削除するか、自分で選んでおくことができます。その他、Instagramでは死後、親族、友人などからの申請で追悼アカウントとして存続することも可能ですが、X(旧Twitter)では死亡申請によりアカウントが削除されます。

今後も変更の可能性がありますので、ご自身で確認のうえ、どうしたいか意思表明をしておきましょう。死後事務委任契約(P.26)に含んでおくのもいいでしょう。

安心のための備え

安心して過ごすための契約

高齢になって日常生活が不自由になったときにどうするか、元気なうちに考え、信頼できる人と契約しておくと安心です。

人生の最後を支える財産管理委任契約

頼れる家族が身近にいない人にとって心配なのは、自分が入院したり、施設に入ったりした場合にどうしたらいいのかということでしょう。例えば、入院の手続きをする、病院や施設に支払いをする、留守になった自宅の光熱費や税金を支払うなどが必要になります。ペットの世話、鉢植えの水やり、庭の草取りなどの管理も心配になります。

そういう場合に備えるのが**財産管理委任契約**です。この契約は、**いざというときにやってもらいたいことをあらかじめ契約**しておき、必要になったときに自分の意思で効力を発生させることができます。ただし、公的な契約ではなく、この契約書があっても預貯金の引き出しを代行することができないこともあります。

契約の名称は「財産」ですが、生活に必要な手続きを代行してもらう支援の内容を契約しておくこともできます。

この契約の受任者（相手）は、**親族、友人、知人など、誰でも**かまいません。ただ、肉体的にも精神的にも負担が多いものなので、親しい人に迷惑をかけたくないと思う人も多いでしょう。

そういう場合は、**司法書士、弁護士、社会福祉士などの専門家に依頼する方法**があります。専門家からは、どういうことを契約しておいたほうがいいかなどについてアドバイスももらえるので心強いものです。ただし、相談料や契約書作成料のほか、依頼する内容により月額報酬で1万～5万円はかかります。

なお、自分が認知症などで判断能力が不十分になった場合には、この契約は利用できなくなり、**法定後見制度**の利用が必要となります（P.28）。

Check!

財産管理委任契約で依頼できること

- ☐ 銀行から預金を引き出して必要な支払いをすること（病院・施設・介護サービス事業所の費用、家賃、管理費、税金、水道光熱費、通信費など）
- ☐ 病院の入院・退院の手続き、施設への入所・退所の手続き、介護保険の認定申請、介護サービス利用に関する手続きなど
- ☐ 役所での手続き（住民票の取得、税金の申告など）
- ☐ 家の管理（掃除や草取り、ペットの世話などをしてくれるサービスを手配して支払いをするなど）

※委任者（依頼する人）と受任者（依頼される人）の間で合意すれば、契約の内容は自由に決められます。本人しかできない行為を代行する場合に、都度の委任状が不要になります。

財産管理委任契約の手続き

①受任者を決める

友人・知人に依頼する場合

→ ②受任者とともに公証役場に行って、契約書のひな形を参考に、公証人のアドバイスを受けながら契約する内容を決めて契約書を作成する。

③契約内容を確認後、公証証書として押印する。

費用は、公証役場の手数料数万円。受任者への報酬は受任者と話し合って決める。

専門家に依頼する場合

→ ②書類を作成し、内容を確認する。

→ ③公証役場に、受任者とともに出向き、公証証書として押印する。

費用は、相談料、契約書の作成料、公証役場の手数料のほか、事務委任料として毎月数万円必要となる。

財産管理委任契約をする場合は、こんなことに注意

①公正証書にしなければ確実性がない	口約束でも契約は成立するが、書類にしておかないと後でトラブルになりやすいので、公正証書にしておく。
②取消権が認められていないため、依頼した人が行った契約が詐欺にあたるとしても取り消すことができない	受任者はあくまでも代理で行うのみ。契約をするかどうかは、必ず自分が判断する。
③監視する人を置く必要がないため、契約通りに実行されたかどうかチェックできない	契約の履行状態を監督する第三者を交えて契約をする。また、受任者に報酬を約束して責任をもって実行してもらえるようにする。定期的な報告をすることを契約に含める。
④銀行によっては、この契約があっても委任状を求められることがある	あらかじめ、銀行に契約の内容を伝えて、委任状が必要になるかどうか確認しておく。
⑤認知症など判断能力が不十分になった場合には使えない	法定後見制度を利用する。

※不動産の売買など重要な取引は、別途委任状が必要になります。

※財産管理委任契約をしていることを親族などに伝えておき、いざというときに不審に思われないようにしておきます。

※通帳や印鑑を預けたままにすることは不正行為につながりやすいので、必要なときに渡して、手続きが終われば返却してもらうほうがいいです。

※公的な制度ではないため、金融機関等によっては手続きに応じてくれないこともあります。

安心のための備え

ペットを託せるサービス

もしものとき、大切なペットが自宅に取り残されてしまわないように、飼い主としてできることがあります。

大切なペットを託す先を考えておく

犬や猫の平均寿命は近年延びており、15年くらい生きる犬や猫も少なくありません。そうはいっても、飼い主がペットを見送るほうが多いものですが、**飼い主が入院や施設に入る場合には、ペットを手放さなくてはならない場合がほとんど**です。

ペットは大切な家族です。自分で話すことができないペットの代わりに、飼い主であるあなたがその行く先をきちんと決めておいてあげたいものです。

友人・知人の場合は負担付死因贈与契約を結ぶ

ペットの行き先は、信頼し安心してペットを託すことができる人、または団体・業者を見つけることから始まるといっていいでしょう。動物好きな友人・知人が、もしもの場合には自分で飼ってくれるか、飼い主を探してくれることを承諾してくれたら安心です。その場合は、確実に約束した内容を実行してもらうために、また、相手の負担に報いるためにも、自分の死後に財産を贈与する**負担付死因贈与契約を結ぶ**といいでしょう。

引き受けてくれる人のあてがない場合は、責任をもってペットを生涯預かってくれる業者を頼りましょう。**病院や施設に入っている間は、メールや書面で様子を知らせてくれるサービスをつけることも**できます。それなりに費用はかかりますが安心を買うことができます。日頃から預かりサービス（ペットホテル、ペットサロン、病院など）、ペットシッター、トリマーなどの業者と上手にお付き合いをしながら信頼できる業者を探しておくといいでしょう。

こうするといい！

ペットを飼っていることを知らせる緊急連絡カード

出先で急に具合が悪くなったり、事故にあったりしてそのまま入院することになった場合、ペットは取り残されてしまいます。そんなときに役に立つのが、ペットを飼っていることを意思表示するカードや手帳です。いろいろなタイプのものが販売されていますので気に入ったものを財布に入れるなどして携帯するといいでしょう。

外面

中面

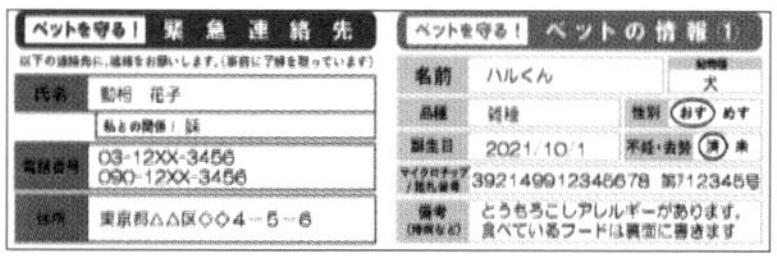

出典：東京都動物愛護相談センター「ワンニャンとうきょう」公式サイト

自分が面倒を見られなくなったときペットを託す方法

友人・知人に託す

- ペットに理解がある友人や知人に、ペットの面倒を見てもらう代わりに、自分の死後、遺産を贈与するということを、負担付死因贈与契約で契約します。公正証書にして法律的な効果を確実なものにします。
- 贈与する人が死亡すると契約の効果が生じ、贈与を受ける人は契約した内容を放棄できないことになっているので確実な方法です。
- ペットの寿命から、必要になるエサ代、予防注射などの医療費なども考慮して贈与する遺産の額(何を贈与するか)を受任者となる友人・知人と相談して決めます。

> エサ代の算出方法(例):
> 自分が毎月支出しているエサ代×12か月×(ペットの平均寿命ーペットの年齢)

> 贈与する財産は何か、お金なら金額など、明確にしておくと契約する場合にもわかりやすく、死後に遺言との関係でトラブルになりません。

業者に託す

- **生涯預かりを契約する**
  ペットを預かってエサやり、散歩、予防注射、医療、火葬などをしてくれるサービスです。動物の種類や年齢・健康状態によって料金は異なりますが、100万〜200万円の費用がかかります。
- **里親を探してもらう**
  ペットを預かって新しい飼い主を探すというサービスです。里親が見つからない場合は、最後まで預かるということになっていることが多いようです。

> 動物の保護団体などのボランティア団体の場合は費用の面で多少リーズナブルなところもあります。

> 長期預かりなどを利用しながら、最終的な団体・業者を決める。費用はペットの大きさや業者によって違うので、複数の業者を比べてから選びましょう。

負担付死因贈与契約はこんな場合にも

ペットの世話以外にも、負担付死因贈与契約はこんなふうに使われることがあります。

- **家を贈与する**
  残っている住宅ローンを支払ってもらうなど。
- **土地を贈与する**
  生きている間の手入れをしてもらうなど。
- **車を贈与する**
  生きている間のメンテナンスをしてもらうなど。

負担付死因贈与契約と遺言による贈与との違い

遺言による贈与(遺贈)は、本人の希望であり、相続人が協議をして遺言と異なる内容で合意してしまえば、法律上、必ずしも遺言通りにしなくてもいいことになります。「自分が死んだら家を〇〇に贈与する」としても、受け取る人が相続を拒否することもできます。

一方、負担付死因贈与契約は、本人と受任者の契約であり契約内容を変更することができないため、確実に契約した内容が実行される可能性が高いといえます。

安心のための備え

死後を託す人を決めておく

自分が死んだ後、残された人に迷惑をかけないためには、信頼できる人にさまざまな手続きを託しておくと安心です。

死後に必要になる手続き

人が亡くなった場合に必要となる手続きは思っている以上にたくさんあります。

まず、**死亡診断書**（死体検案書）を医師から受け取ります。これは、その後のさまざまな手続きに必要となる大切な書類です。

その後、**遺体を引き取り**ますが、身元引受人がいないと、病院などから出られないことがあります。葬儀前に**死亡届と火葬許可申請書**を提出（7日以内）、葬儀を執り行います。続いて公的な手続きとして、**住民票の抹消、年金、健康保険、介護保険などの手続き**などが必要になります（14日以内）。

さらに、生命保険に入っていればその請求、病院などへの支払い、運転免許証やパスポートなどの返納手続き、ガス・電気など公共料金や電話の解約も必要になります。

そして、財産の整理（遺言があればそれに従います）、身のまわりのものの整理・処分をしなければなりません。

死後事務委任契約を利用

こうした手続きをしてくれる家族がいない場合には、親族、近所の人、友人などのうち、信頼できる人と**死後事務委任契約**を結んでお願いしておくという方法があります。

死後事務委任契約は、いつでも、誰でも手続きすることができますが、**認知症などで判断能力が不十分になる前に行う**必要があります。きちんとした効力をもたせるために、公正証書にする必要があるので、公証役場に相談して進めるといいでしょう。

なお、死後事務を弁護士や司法書士、支援団体（ＮＰＯ法人や社団法人など）に委任する場合は、内容に応じた料金が発生します。親しい人に依頼する場合もそれなりの費用を支払うほうがいいでしょう。

Check!

死後事務委任契約で委任できること

□ **葬儀に関して**	葬儀の方式、埋葬方法、供養方法
□ **行政手続き**	死亡届、住民票、年金、健康保険、運転免許証、税金、保険
□ **生活に関する手続き**	病院や施設への支払い、住居が賃貸の場合はその契約の解除と明渡し、水道光熱費の支払いと解約、デジタル契約の手続き（有料会員契約の解約、SNSのアカウント削除など）、ペットの面倒

※死後事務委任契約の内容に、「自分の財産を○○さんに譲る」など、財産に関する内容を入れることはできません。あくまでも事務的な手続きの代理を委任する契約です。

※財産に関しての意思表示は「遺言書」（P. 90～）として残すことが必要です。

死後事務委任契約の手続き

手続きは財産管理委任契約と同様です（P.23参照）。生前、判断力があるうちから依頼できる財産管理委任契約と違い、こちらは死後の諸手続きを依頼する契約です。

専門家に委任する場合の費用

- 文書作成料10〜20万円のほか、内容によりますが、報酬として50〜100万円、さらに預託金として100〜150万円が必要になります。
- 預託金は、死後、本人の口座が凍結された場合にも滞りなく手続きができるように、必要なお金をあらかじめ預けておくものです。

知人・友人に委任する場合の費用

公証役場に依頼して契約書を作成する費用として、手数料11,000円と書類実費3,000円程度ですみますが、受任者への支払いも必要です。
※受任者への支払いについては、遺言書にも残しておくと確実です。

遺言書ではなく死後事務委任契約をする意味

- 遺言書に書かれていることは契約事項ではなく、一方的な意思表示であり、相続人などによりその内容が実行されるかどうかわからないものです。
- 遺言書が開封されるのは一般的に葬儀後になるので、書いておいても死亡届や、葬儀の実施などの手続きに間に合わないことになります。

思わぬトラブル

死後事務委任契約をしていないと起こるかもしれない悲しいできごと

- 「自分の葬儀費用にあててほしい」というメモと現金をタンスに入れておいても、その存在に気づくのは役所が処理した後で、葬儀は行われない。
- 生前、お墓を購入してあるが、誰もそれを知る人がいないため、自治体により無縁仏として葬られてしまう。
- 自治体が親族を探してもわからず、ホームレスと同様の扱いとなり、葬儀をせずに火葬することになる。
- 親族がいてもすぐに引き取りがないため、何か月も葬儀社の遺体安置所に安置されたままとなる。
- 持ち家に住んでいる場合は、そのまま放置されて廃墟となってしまう。
- 賃貸住宅に住んでいる場合は、遺品の整理や家賃の未払いなど大家に多大な迷惑がかかる。

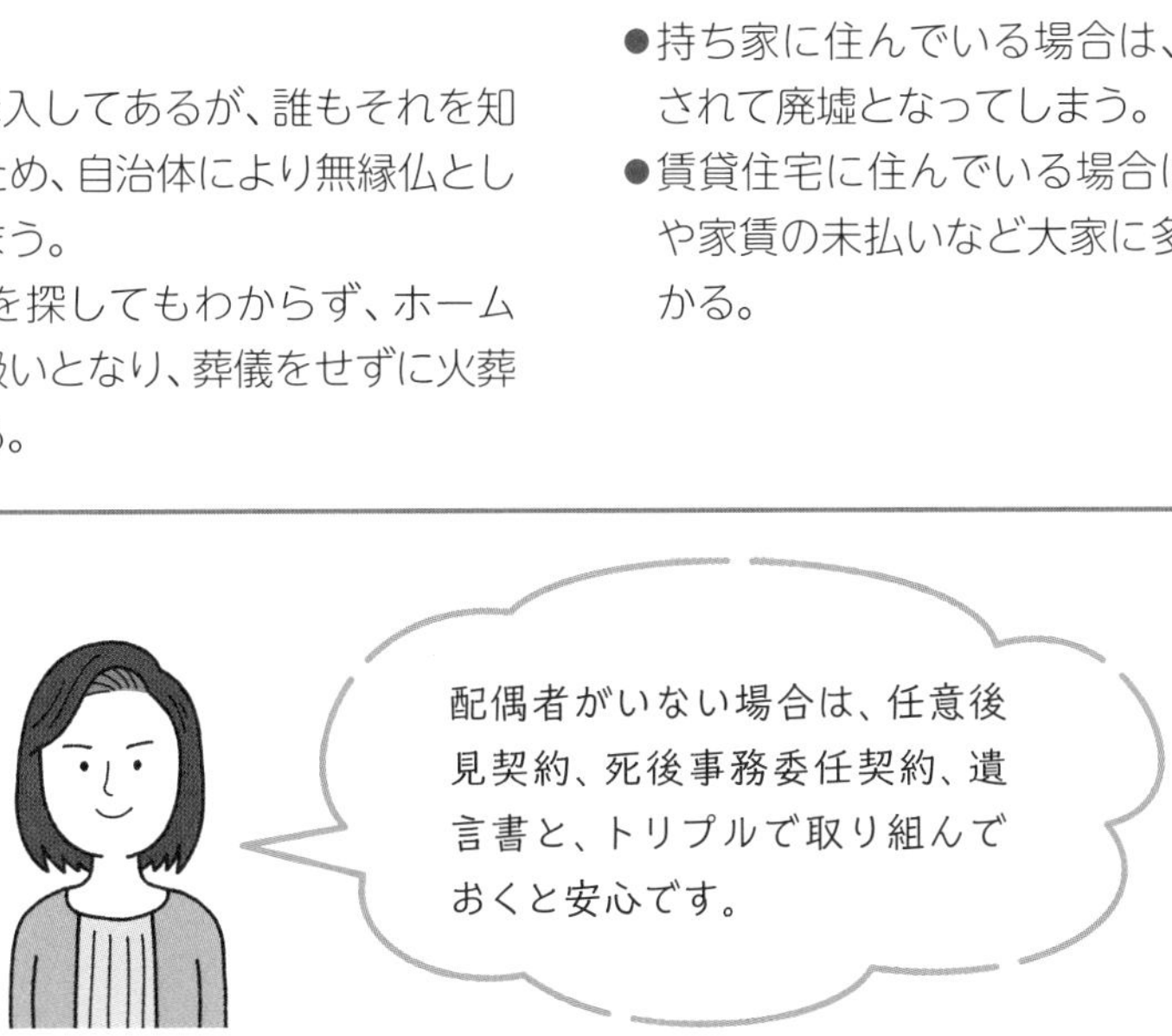

安心のための備え

認知症に備える

認知症になると、定めた後見人に日常生活上のさまざまな契約を代行してもらう必要があります。

認知症の症状

65歳以上の5人に1人が認知症になるとも言われています。認知症は、**記憶障害や判断能力が衰えることにより日常生活に不自由が生じる脳の病気**です。人によって違いはありますが、慣れた道で迷う、リモコンの操作に戸惑う、約束を忘れる、身だしなみに無頓着になるなどが初期症状として多く現れます。

症状が進行すると、自分の家に帰る道がわからなくなる、着替えがうまくできなくなる、読み書きが苦手になるなど、誰かの手を借りないと日常生活を送ることが難しくなり、介護が必要になります。

認知症の人を保護する成年後見制度

認知症になると、判断能力が不十分になるため、詐欺や、訪問販売で必要のない契約をしてしまうなどの被害にあう危険があります。そうした被害から本人の利益を守るため、銀行口座からお金を引き出すことができないような処置がとられます。これが**口座凍結**です。また、契約行為もできませんので、自分では**介護サービスの利用契約や施設の入所の契約もできなくなり**、一人で日常生活を送ることが難しくなります。

そうした場合には、**成年後見制度**を利用することになります。この制度は、**本人に代わって後見人が契約行為をする**ことにより、本人を援助し保護し、安心して日常生活が送れるようにするものです。

成年後見制度には、判断能力があるうちに、自分で後見人を決めておく**任意後見制度**と、認知症になった場合に、周囲の人が裁判所に申し立てて、裁判所が後見人を選定する**法定後見制度**があります。社会福祉協議会や地域包括支援センターに相談しましょう。

Check!

こんなことがあったら、認知症の始まり

- □ 約束をうっかり忘れるのではなく、約束したこと自体を忘れた
- □ 体験の一部を忘れるのではなく、体験したこと全部を忘れた
- □ 目の前の人の名前が思い出せないのではなく、誰なのかがわからない
- □ 置き場所や操作方法など、ヒントをもらっても思い出せない
- □ 何を食べたのか忘れるのではなく、食べたこと自体を忘れた
- □ 料理、片付け、計算、運転のミスが増えた

※1つでもあてはまれば、病院で検査をしてみましょう。

※認知症は早期に発見して対応することで進行を遅らせることができるといわれています。

任意後見制度と法定後見制度の違い

任意後見制度	十分な判断能力がある人が、将来判断能力が不十分になった場合に備えてあらかじめ公正証書で任意後見契約を結んでおき、判断能力が不十分になったときに、その契約にもとづいて任意後見人が本人を援助する制度。申し立てには2,200円かかる。		
法定後見制度	認知症や精神疾患などのために判断能力に問題があると周囲の人が気づいて、本人（被後見人）を保護するために、家庭裁判所に申し立てをして後見人を選び支援する制度。本人の判断能力の程度により３つの類型がある。申し立てには約７万円かかる。	補助	判断能力が不十分な人のために補助人を選出して本人を援助する。
		保佐	判断能力が著しく不十分な人のために保佐人を選出して本人を援助する。
		後見	判断能力が欠けているのが通常の状態の人のために成年後見人を選出して本人を援助する。

※任意後見制度は、本人、任意後見人に選ばれている人、配偶者や四親等内の親族が、本人の判断能力が不十分であると判断して家庭裁判所に申し立てをし、「任意後見監督人選任の審判」をしたときから、その効力が生じ、任意後見人は契約で定められた行為を本人に代わって行うことができます。

※法定後見制度では、家庭裁判所が補助人、保佐人、後見人を選出して「後見開始の審判」をすることで本人に代わって法律行為を行うことができます。

※法定後見制度では、被後見人に一定額以上の財産がある場合には後見人の監視・監督をする成年後見監督人を選出することがあります。

任意後見契約から後見開始まで

判断能力のあるとき

公証役場に行き、ひな形を参考に本人と任意後見受任者との間で任意後見契約を結ぶ → 公証人により契約書の公正証書を作成 → **法務局に登記**

判断能力が不十分になったら

本人や任意後見受任者から任意後見監督人選出の申し立てをする → **家庭裁判所** 任意後見監督人を選出 → **後見開始**

※本人は法律行為ができなくなる

2

生活を充実させるために

この章でわかること

- 働き方
- 地域とのつながり方
- 親の介護と看取りについて

総務省統計局「家計調査年報（２０２２年）」によれば、65歳以上の単身無職世帯の月当たりの消費支出は14万３１３９円であるのに対し、実収入は月13万４９１５円。月々８２２４円の不足金が発生することになります。病気を患ったり親の介護で思わぬ出費が必要になったりという不確定要素を考えると、年金だけで過ごすのは厳しいかもしれません。安心して老後を過ごしていくためには「稼ぐ」と「貯める」の両輪でお金を上手に回していくことが大事なのです。

一方、定年後に「お金のためだけに働くのは虚しい」という声も多く聞きます。そこで、自分の趣味や健康のために働くと考えてみてもいいでしょう。近年、生存率を調べた研究では筋力の多いほうが長生きできることがわかってきたそうです。働いて体を動かすことは健康への後押しとなります。

そして何より職場や地域の人とコミュニケーションをとることで孤独感から免れることができ、エンディングライフへ向けた人脈づくりに役立ちます。「経済的な問題」「健康の不安」「孤独感」の３Ｋ問題解決への糸口になるのではないでしょうか。また、親の介護や看取りなど、体力的にも心情的にもつらいことに直面するときにも、人や地域とのつながりが力になってくれるでしょう。

収入と生きがい

高齢でも働ける

現在の日本では、労働力不足が深刻です。元気で経験も豊富な高齢者は、働き手として期待されています。

高齢者が働くことは普通になった

定年後の人生は決して短くありません。寿命が延びたことにより、老後の暮らしは20年以上という場合も多くなっています。そして、元気で働いている高齢者も増えています。

総務省の統計によれば、**２０２２年における65歳以上人口に占める就業者の割合は25.2%**で、65〜69歳では半数を超えています。

高齢者が働く理由には、生活費が年金だけでは足りないというだけでなく、**より豊かな生活がほしい**とか、**社会とのつながりがほしい**ということがあります。仕事をすることで、いろいろな人と出会い、お付き合いができるのは、人生に彩りを与えてくれるものです。ボランティア活動もいいでしょう。無償のもの、謝礼がもらえるもの、最低賃金には及ばない時給が支給されるものがあります。

仕事の探し方、選び方

仕事探しの王道は、ハローワークに行くことです。高齢者雇用にも便宜が図られており、**シニア世代向けの「生涯現役支援窓口」**が全国のハローワークに設置されています（３００か所以上）。主に企業への再就職を支援しています。

これに対し、高齢者のライフスタイルに合わせた臨時・短期の業務を中心に提供しているのが**シルバー人材センター**です。リタイア後は自分の趣味などをする時間もしっかり確保したい、余裕をもって仕事をしたいと考えている人にとっては、こちらのほうが適しているかもしれません。ただし、センターが提供する業務は、生きがいを得ることを目的としているため、継続的な仕事は保障されていません。

Check!

趣味と実益で楽しくボランティア活動をする

- ☐ 保育施設や放課後児童クラブの補助員（遊び相手、学習支援、送迎車の運転など）
- ☐ ファミリーサポートセンターでの子育て支援（子どもの送り迎えの代行や託児など）
- ☐ 介護施設での手伝い（利用者の話し相手、食事の配膳など）
- ☐ 博物館、美術館、動物園、地域の名所のガイド
- ☐ 犬の散歩やエサやり、草木の手入れや草取りなどの家事支援
- ☐ 街づくりとしての花壇の整備や清掃活動

自分の年金は自分でチェックして申請する

①年金の金額

毎年誕生月に届く「ねんきん定期便」で概算がわかります。まだ関係ないなどと思って内容を確認していない人も多いかもしれませんが、チェックしておいたほうがいいものです。

②年金の受取額

年金額が65歳未満で108万円、65歳以上で158万円を超える場合には所得税、復興特別所得税が源泉徴収されます。また、介護保険料と健康保険料も支払う必要があります。

年金額－所得税・復興特別所得税
－介護保険料－健康保険料＝手取りの年金額

※住民税が徴収されることもあります。お住まいの市区町村に確認しましょう。

※国民健康保険料は年金からの天引きではなく、納付書で支払う方法もあります。自治体によっては、納付書のバーコードからネット払いできるところもあります。

③年金を受け取る時期

原則

65歳になったら老齢基礎年金を受け取ることができます。
企業に勤めていた人はこれに老齢厚生年金を加えた額を受け取ることができます。

注意

年金は、受給開始年齢に達する3か月前に年金請求書が送られてきたら、自分で年金事務所に手続きに行く必要があります。自動的に給付されるものではないので気をつけましょう。年金事務所は予約枠が埋まりやすく、手続きにも時間がかかります。余裕をもって予約しましょう。

年金の繰り上げ支給・繰り下げ支給を知る

繰り上げ受給	申請により60歳から受け取ることができます。ただし、年金額が減額されます。
繰り下げ受給	申請により75歳まで受給開始を遅らせることができます。この場合は、年金額が増額されます。

※再雇用などで給与がある場合に繰り上げ支給を受けると、確定申告が必要になります。さらに、再就職して厚生年金に加入している場合は、年金と給与の合計額が月に48万円を超えると年金の半分が支給停止になりますので、繰り上げ支給はあまりおすすめできません。

右ページで紹介したようなボランティア活動は、地域の社会福祉協議会のボランティアセンターを通して紹介してもらえば、活動中のケガの保険などもあって安心です。

人の交流

地域とのつながりをもつ

現役時代では仕事を通して、第二の人生では自分が暮らす地域を通して社会とつながっていきます。

自分の暮らす地域を知ることから始める

仕事をしていると日中はずっと外出していて、自宅の近所の人と付き合うことはほとんどない人が多いでしょう。現役世代では、自治会やＰＴＡの役員になったりしない限り、近所の人とはあいさつ程度となってしまいがちです。

しかし、第二の人生では、健康のためにスポーツをしたい、好きな趣味を楽しみたい、何か人の役に立つボランティア活動をしたい、少しは仕事もしたいといった希望を実現する場合に、自宅近くでできれば気軽に長く続けられます。また、病気になったり介護が必要になったりした場合に、通える病院や施設について知っていたほうが安心です。そこで、**自分の暮らしている地域の施設、そこに集う人のことを知る**ことが大切です。

回覧板などを活用

自治会に入っている場合には、ときどき回覧板が回ってきます。そこには、市区町村からのお知らせがありますので、まずそれに目を通すことから始めましょう。手頃な費用の**講座の案内**や**趣味やスポーツのサークル活動なども紹介**されています。気になったものがあれば、積極的に申し込んでみましょう。新しい人間関係をつくって地域のことを教えてもらうこともできるでしょう。

回覧板がないようなら、まずは役所や社会福祉協議会（民間で福祉活動をサポートする組織）に行ってみましょう。さまざまなパンフレットが用意されています。窓口では自分の知りたいこと、やりたいことを伝えれば対応してもらえます。もちろん、インターネットで**役所などのホームページを検索**してもいいでしょう。

Check! 地域を知るためには、まず、人とのつながりをつくる

□ サークルに入る	音楽、芸術、スポーツなど
□ 講座に参加する	退職後の地域デビュー講座を実施している市区町村も多い。経験者の具体的な話が聞ける
□ ボランティアに参加する	ほかの人や地域のために役に立つ活動をしながら人とのつながりが広がる(P.32)
□ 自分の特技を活かして先生になる	仕事で得た知識や技術、趣味で続けていることなどを教えることは学ぶことに通じるので、さらなる自分磨きになる

※地域での活動を通してつながることで、地域の情報が自然と入ってくるようになります。

地域でつながりをつくるときの心得

①自分を見つめ、自分を知る	自分にできることは何か、自分が大切にしたいことは何か、自分に求められていることはあるかなどを考えながら活動してみましょう。新しいステージで自分がやりたいことが見えてきます。
②とにかくトライする	自分には難しそうとか、できないと恥ずかしいなどの理由でやりたいけれどしり込みする、という気持ちは誰にでもあるものですが、いくつになっても遅すぎることはありません。上手にできる必要はありませんので、ぜひ、積極的にトライしましょう。
③地域を知るために役員もやってみる	自治会の役員やマンションの管理組合の役員などは、面倒なようですが、いろいろな情報が得られる絶好の機会です。面倒がらずに順番が回ってきたら積極的に引き受けてみましょう。
④現役時代のやり方、価値観を持ち込まない	仕事をするうえでは大事だった会社の名前や役職という肩書は、地域では全く役に立ちません。それどころか、バックグラウンドが違う地域の人からは理解されないことが多いので気を付けましょう。同時に、相手の価値観をむやみに否定するのも控えたいものです。
⑤無理はしない	新しい人間関係をつくることには、多かれ少なかれストレスが伴います。誰が偉いという序列もない横のつながりの中では、正解がはっきりしないので、意見の食い違いなども多くなります。疲れたときは、「よくあること」と受け流し、ちょっとお休みするなどの余裕をもちましょう。

オンラインコミュニティを上手に活用

オンラインコミュニティの種類

企業が運営するもの

自社商品の販促目的や情報提供目的。

個人が運営するもの

学びの場の提供、交流・情報交換の場の提供、地域のグループがオンラインコミュニティをつくっている場合もある。

上手な付き合い方

共通の価値観、興味・関心をもった人同士が交流し、つながる場として役に立つ。

気軽に利用でき、幅広い情報が得られる。一方、地域の情報を得られることは少ないので、オンラインで得た知識や情報を地域のコミュニティの人間関係づくりに活かす、また、地域で得た情報をオンラインのコミュニティで共有するなど、両方を上手に使い分けるといい。

親のこと

親の介護と看取り

年老いた両親に介護が必要になった場合にどうするかを考え準備することは、自分の老後への備えにつながります。

親の老いを受け入れて準備する

親は確実に自分より先に老いていきます。父母が健在なうちはそれほど心配することがなくても、どちらかが先立ったあと一人暮らしになると、病気やケガで人の手助けが必要になったときのことが気がかりになります。しかも、そうした事態は、たいてい突然起こります。ですから、**元気なうちに少しずつ「もしも」のときを想定して、コミュニケーションをとりながら準備することが必要**です。

ここでやったことは、自分の番になったとき子にやってもらうことはできません。何が必要になるか学習しておき、誰に託すか考えるときに生かしましょう。

親の介護をすることになった場合、兄弟姉妹がいれば、できれば協力しあいたいものです。近くに住む子が手をかけ、遠くの子は費用負担をするなど、役割分担をある程度相談しておくと安心です。

なお、兄弟姉妹の協力が得られないような場合は、**自分が受任者となって家族信託契約、財産管理委任契約、任意後見契約を結んでおく**と、いざというときにトラブルを避けることができます。

第三者の助けも上手に利用する

介護は、子育てと違って**いつまでという期限がはっきりせず長期化することも多い**ため、自分たちだけでなく、**上手に介護サービスや地域のいろいろなサービスを利用することが必要**です。介護が必要になったら、早めにいろいろな事業所を見学して親の気に入ったところ、自分たち子どもも安心して親にすすめられるところを見つけましょう。いろいろなサービスについて知っておくことは、**自分の老後の準備の参考にもなる**ので、情報を集めることは自分の終活のためでもあるのです。

Check!

家族信託契約の特徴

- ☐ 信頼できる家族に自宅や預貯金といった自分の財産を託す仕組み
- ☐ 財産管理以外のさまざまな手続きを託すことはできない
- ☐ 信託された財産は家族の名義に変更されるため、財産管理に当たり本人の意思確認は必要がなく、家族が処分・運用できる
- ☐ 本人が認知症などにより判断能力が低下しても有効

※財産管理委任契約と同様に手続きします。公正証書にしておくと、より信頼性が高まります。
※日常生活上のさまざまな手続き（入院の手続き、支払いなど）については、財産管理委任契約と認知症になった場合に備える任意後見契約を結んで、受任者と後見人を同じ人にしておくとスムーズに移行できます。

看取りに向けての準備

①親の希望で病院や施設を決める

●同居する家族がいなければ、ほとんどの場合、病院または施設で人生の最期を迎えることになります。そこで大事にしたいのは、親の希望に沿った治療やケアが受けられる病院や施設を探すことです。それが安心して最期を迎えるために一番大切なことです。

※親は、子どもに遠慮することが多いので、一度の答えで決めず、何回か話し合って本当の気持ちを引き出すように心がけましょう。

※病院や施設には相談員がいますので、第三者の意見も聞きながら決めるとうまくいくこともあります。

②治療方法（延命措置など）

本人とは話しにくい事柄も多いですが、少なくとも残される家族の中での合意は取っておく必要があります。病院や施設から決断を迫られるときは、時間的な猶予はあまりないことが多いものです。

③収入と支出を調べる

年金の振り込みやカードの引き落としのある銀行口座やキャッシュカードの保管場所も、確認しておきましょう。

収入

●年金収入はいくらか

●預貯金はあるか

●家などのまとまった財産を処分していいか（家を担保にしてお金を借りるという方法もある）

●治療や介護に関する保険に加入しているか

●公的な補助にはどういうものがあるか（高額療養費制度など）

支出

●病院や施設の利用料、さまざまな実費から、毎月どの程度の支出があるかを確認

※病状や介護度などはだんだん悪くなっていくことが予想されますので、必要な支出も少しずつ多くなっていくと想定しておく必要があります。

④資金計画を考える

年金だけでは足りない場合は、何を使うのか、財産をもとに検討しましょう。財産が尽きれば、生活保護を受けることも検討できます。

※生活保護を受ける場合には、本人だけでなく親族の財産に関する調査も受けることになります。親族に余裕がある場合は生活保護が適用にならないことも考えられます。

こうするといい！

介護で悩まないための３つの方法

介護は、初めてのことでこれからどうなるのかわからない、これからいつまで続くんだろうと思うことで、つらさが増します。しかし、ちょっとした工夫で気持ちが楽になることを覚えておきましょう。地域包括支援センターや病院・施設の相談員に相談するとどこにいけばいいのかアドバイスしてもらえますので、一人で悩まずに助けを求めましょう。

①同じ境遇、または経験者に話すことで心の負担を軽くする。

②これからどういう状態になっていくのか、専門家に説明してもらうことで漠然とした不安を取り除き、具体的な対策を考える。

③介護する家族を支援する制度、サービスを大いに利用する。

3 人に頼る

この章でわかること

- 日常生活のサポート
- 介護サービスについて
- 自宅で快適に過ごすには
- 施設の選び方

一般的に「老化」とは、年齢に伴い体の機能が衰えていく現象のことを表します。少しずつ内臓や血管、筋力に衰えが出て病気になりやすく、また思うような動作ができなくなったりします。近くに子がいれば週末などにサポートしてもらえるかもしれませんが、そうでない場合、どうしたらいいでしょうか。

自治体では格安の料金で日常の軽作業を依頼できるサービスを提供していますので、社会福祉協議会や高齢福祉課などを訪ねてみるといいでしょう。また、それ以上に日常生活に不便が生じるようになったら、介護保険を使ったサービスを受けられるか、ぜひ相談してください。

ところで、年を重ねるにつれて環境の変化がストレスを引き起こすことがあります。国では、「住まい」「医療」「介護」「予防」「生活支援」の5つのサービスを、地域の特性に合わせ一体的に提供する仕組み「地域包括ケアシステム」を構築しようとしています。できる限り、慣れ親しんだ地域や自宅で日常生活を続けられるよう、支援しようとするものです。介護サービスを受けたい、自宅で暮らしたいが不自由がある、高齢者施設について知りたいなど、相談したいときは、お住まいの市区町村の地域包括支援センターなどに問い合わせてみましょう。

誰にも訪れる老後を安心して自分らしく生きるために、次のページから詳細について解説していきます。

日常生活のサポート

買い物、外出のサポート

高齢になって買い物や外出が一人では心配になっても、利用できるサービスはいろいろあります。

誰でも「買い物弱者」になる可能性がある

若いときには、買い物に行きたくても自由に行けないという状態になることは想像もできないでしょう。しかし、高齢者は、**病気や介護状態でなくても、長い時間歩くことが難しい、重いものを持つ力がない、転んでケガをする不安がある**などの理由で、日常の買い物に行けないということが少なくありません。過疎地でなくても、**徒歩15分のところにスーパーがあっても、そこに行くことが難しい**という「買い物弱者」になることもあるのです。

また、病院に行く、銀行に行くなどの用事、美容室に行きたい、映画を見たい、洋服を買いたいなど、自分の生活を豊かにするための外出も、**一人では心配**という状態になって、生活が不自由に、あるいは彩りのないものになりがちです。

便利なサービスを上手に使う

最近では、そうした買い物弱者の問題を解決するために、**ネットスーパーや、電話で注文を受けて配達をするというサービスを取り入れる店**が増えてきています。自分の近くの店、お気に入りのスーパーのサービスを調べてみるといいでしょう。

一方、実際に見て買いたい、買い物を楽しみたいという人には、**付き添いをしてくれるサービス**があります。通常、時間単位の利用料で、介護保険適用外のサービスとして訪問介護の事業者などが提供しています。多くの場合、一時間当たり2500～3500円で利用できます。買い物以外の用事での付き添いや、自分の好きな店に行って買い物をしてきてもらう買い物代行も同様に時間単位の料金で利用できます。手頃な額ではありませんが、必要なときは検討してみましょう。

こうするといい!

トラベルヘルパー

NPO法人日本トラベルヘルパー協会では、介護技術と旅の知識の両方をもつ外出支援の専門家の育成を行っています。

トラベルヘルパーは、まず、希望する旅行が楽しめるように打合せをしてプランを立ててくれます。プランにそって、車いすなどを使うことができる交通手段や宿を手配してくれます。そして、利用する人の体調管理を考慮しながら、付き添って面倒を見てくれます。トラベルヘルパーの支援があれば、車いすを使っているなどの理由であきらめていた旅行も、安心してできるようになります。

買い物、外出をサポートしてくれるサービスいろいろ

①軽度生活援助事業（公的事業）

要支援・要介護の認定を受けていない在宅の一人暮らしの高齢者や高齢者のみの世帯が対象。買い物代行だけでなく、1～2時間程度でできる作業も行います。利用料は無料～数百円と格安です。使える回数、頻度、申込方法、金額などは自治体によって異なります。申込方法や利用の詳細は、お住まいの市区町村の高齢福祉課などで確認しましょう。

依頼できる作業例

- 庭の草取り
- 家の中の重いものの移動
- 家庭内の小さな修繕

②地域の助け合い活動（社会福祉協議会などが実施）

買い物の代行や付き添いを地域の人が有償ボランティアで実施。対象は、一人暮らしの高齢者や高齢者のみの世帯。1時間当たり数百円で利用できる点が魅力です。社会福祉協議会に問い合わせると情報が得られます。

依頼できる作業例

- 軽度生活援助事業と同じ

③高齢者外出支援サービス（公的事業）

車いすやストレッチャーでの移動など、介護が必要な人を対象に、リフト付きの車などを使って送迎などを提供するサービスです。利用料は、1時間当たり数百円です。利用できる時間帯や移動の範囲に制限があったり、利用目的が限られていたりします。詳細は、お住まいの市区町村の高齢福祉課などに問い合わせましょう。

④外出支援サービス（民間事業）

車いすやストレッチャーでの移動を支援します。目的、移動範囲、時間などに制限はありません。希望すれば外出支援専門員が付き添いをしてくれるので、宿泊を伴う旅行なども可能です。費用は1時間当たり3,000～5,000円程度で、宿泊する場合は、1日当たり2万円以上になることが多いようです。問い合わせ先は、担当のケアマネジャーや地域包括支援センターです。

⑤移動販売車（移動スーパーマーケット）（民間事業）

スーパーマーケットやコンビニ、その他の事業者が食料品や日用品を積んで、定期的に一定の場所に一定時間車を停めて、近所の人に買い物をしてもらうサービス。利用するために特に費用は必要ありません。過疎地や山間部、郊外の団地などで多く取り組まれています。

こうするといい！ 出張サービスを上手に利用する

個人宅での利用は出張料がかかり、費用面では2～3割高くなることが多いようです。

①訪問美容・訪問理容

美容室・理容室に行くことができない人のために、自宅に出張してシャンプー・カットなどをしてくれるサービスです。

②ネイルケア・メイクアップ

いつもと違う自分を演出できるのが化粧です。ネイルケアやメイクアップでいつもと違う自分になると、気分転換になります。

③マッサージ・フットケア

腰が痛い、肩がこる、膝が痛いなど、病気ではないけれどもいろいろ不調を抱えている人向けに自宅で施術してくれるサービスです。

④眼鏡や補聴器の調整

眼鏡や補聴器は年月が経つと修理や調整が必要になります。調整することで快適に使うことができ、生活の質もアップします。

公的介護サポート

介護保険制度を知る

40歳以上の人は給与や年金からの天引きで介護保険料を納付していますが、介護保険サービス利用には申請が必要です。

介護保険制度は社会保障制度

病気やケガの治療に医療保険が使われるように、介護を対象とするものが介護保険です。介護保険制度は国の社会保障制度の一つで、**40歳以上65歳未満の第2号被保険者と65歳以上の第1号被保険者が全員加入**します。

加齢によって介護が必要になり、要支援（1～2）・要介護（1～5）認定を受けた人が保険給付の対象で、第2号被保険者の場合は、加齢と関係しないケガや病気で介護が必要になっても利用できず、特定疾病により介護が必要になった場合だけ利用できます。第1号被保険者の場合は、原因を問わず介護が必要になったら利用できます。

保険料は、現役中は給与から天引きされるか、自分で納付し（無職でも）、年金生活になれば、原則として年金から天引きされます。

介護保険サービス以外にも費用はかかる

介護保険サービス利用料の基準額はサービスの種類ごと、要介護度ごとに国が決めています（地域によっては基準額より割増になることがあります）。**利用者は年収に応じ、基準額の1割、2割、3割を負担**します。要支援、要介護1・2のように要介護度が低い場合は、利用料はそれほど高く設定されていませんが、要介護3以上になると、利用料が高くなります。

また、介護施設に入所している場合、食費、居住費、水道光熱費、備品代などの実費は全額自己負担で、利用料に上乗せされます。在宅の場合、通院など移動のタクシー代、紙おむつ（助成金支給あり）などの介護用品代もかかります。**介護保険サービスの利用料以外の負担が大きい**ことに注意してください。

Check!

介護にかかる費用は毎月いくら？

介護保険サービスの自己負担分を含む月々の費用は次のとおりです。

☐ 在宅の場合	1か月当たり平均48,000円
☐ 介護保険施設に入所している場合	1か月当たり平均122,000円

※このほかに、介護用ベッドの購入や手すりを付けたり、段差をなくしたりするための自宅の改修費用などの一時的な費用として平均74万円がかかっています。

出典：「2021（令和3）年度生命保険に関する全国実態調査」（生命保険文化センター）

やってみよう！　要介護自己チェックリスト

次のチェックリストは、厚生労働省「要介護認定調査員テキスト」の項目をもとに作成したものです。項目ごとに、「自分でできる、一部介助が必要、すべて介助が必要」のうち該当するところに○をつけてください。

チェック項目		自分でできる	一部介助が必要	すべて介助が必要
1	何かにつかまりながらも、歩くことができる			
2	一人で移動ができる			
3	一人でトイレで排便ができる			
4	一人でトイレで排尿ができる			
5	箸やスプーンで食べることができる			
6	衣服の着脱（ズボン）ができる			
7	衣服の着脱（上着）ができる			
8	髪を整えたり、洗ったりすることができる			
9	顔を洗うことができる			
10	歯を磨いたり、入れ歯の手入れができる			
A	**1～10の○の数**			
11	身体を洗うことができる			
12	爪を切ることができる			
13	飲み薬などの管理ができる			
14	預貯金やお金の管理ができる			
15	ご飯を炊いたりみそ汁がつくれる			
16	スーパーなどで食材などを選びレジでお金を払える			
17	週１回以上外出できる			
B	**11～17の○の数**			

［判定］

Aの欄で、「一部介助」または「すべて介助」に２つ以上○がある

→要介護、要支援と判定される可能性が高く、要介護認定を申請したほうがいい状態です。

Bの欄で「一部介助」または「すべて介助」に２つ以上○がある

→要介護、要支援と判定される可能性が高い状態です。

介護予防のためのプログラムを利用するために、地域包括支援センターに相談するといいでしょう。

上記以外は、すぐに介護が必要な状態になる可能性は少ないですが、○がついた場合は介護が必要な状態にならないため、介護予防事業の利用を検討しましょう。

公的介護サポート

要介護認定を申請する

介護保険サービスを利用するためには、市区町村の要介護認定調査を受けて認定を受けなければなりません。

要介護認定は申請することから始まる

介護保険サービスを利用するためには、要介護認定を受ける必要があります。認定は市区町村の窓口で申請書を書いて申し込むことができますが、まずは自分の住所を管轄する**地域包括支援センターに相談に行くことをおすすめ**します。申請書が用意され、書き方なども教えてくれます。申請の代行も依頼でき、自分で窓口に行かなくてもすみます。

本人が65歳以上であれば介護保険証を一緒に提出します。65歳未満の場合は健康保険証を提出します。**判定にはかかりつけ医による主治医意見書が必要**になりますが、申請書にかかりつけ医の名称・住所を書いておけば、**市区町村が医師に連絡をして取り寄せる**ことになっていますので、自分で用意する必要はありません。

申請後、1～2週間後に要介護認定調査員から認定調査の日を決める連絡が入り調査日を決めます。

要介護認定はどれだけ介護が必要かを調べる

要介護認定は、その人にどれだけ介護が必要なのかをチェックリストをもとに調査をして判定し市区町村が認定するものです。認定後、介護保険証に要介護度または要支援度（以下、要介護度等）と認定の有効期間が記入されて送られてきます。要介護度は軽いほうから要支援1～2、要介護1～5に分かれており、**それぞれの要介護度に応じて利用できるサービスの量（支給限度額）が決まります。**要介護・要支援状態ではないという非該当（自立）とされる場合もあります。なお、調査から認定の通知が届くまでの期間は市区町村によりますが、14～30日程度です。

Check!

介護保険サービスの相談先

□ **地域包括支援センター**	地域において高齢者が安心して暮らすことができるように支援する役割を担っており、情報のプラットホームになっています
□ **ケアマネジャー**	要介護認定がおりたら、ケアプランを立てます

ケアマネジャーは都道府県の実施する試験に合格すると認定される公的資格です。

申請から通知が届くまで

介護が必要になった

本人・家族のほか、地域包括支援センターなどが代行申請できる

申請の代行に費用はかかりません。

自分で申請

市区町村の窓口で要介護認定申請用紙をもらい記入する。用紙は、市区町村のホームページからダウンロードできる

地域包括支援センターに代行を依頼

地域包括支援センターで職員と一緒に申請用紙に記入する。用紙はセンターに用意されている

↓

市区町村の窓口に申請用紙と介護保険証（第２号被保険者の場合は健康保険証）を提出

自分では気づいていない介護が必要なことを伝えてくれる身近な家族がいれば、ぜひ同席する。

↓

自宅または病院・施設で認定調査を受ける

かかりつけ医に主治医意見書を依頼

調査結果 ↓

主治医意見書 ↓

認定調査の結果をコンピュータで判定する（一次判定）

→

一次判定の結果と主治医意見書をもとに介護認定審査会が要介護度等を判定する（二次判定）

↓

判定結果にもとづき市区町村が認定結果を本人に通知する。
要介護度などと認定期間が記入された介護保険証が郵送で届く
※これをもとに、次ページで説明するサービスを利用します。

こうするといい！

更新認定・変更認定の場合は？

更新認定・変更認定の方法は、申請用紙も申請方法も新規と同じですが、申請用紙の区分の欄で「更新」または「変更」を選んでチェックします。申請後には認定調査も行われますし、かかりつけ医に主治医意見書も依頼されます。変更認定は状態が大きく変わった場合に申請できます。

認定の結果が、自分が考えている要介護度と違っていてやり直してもらいたい場合は、介護認定審査会に不服申し立てができますが、再審査に時間がかかり、介護度が下がることもあり得ます。

公的介護サポート

ケアプランを決める

要支援・要介護となったら、ケアマネジャーがケアプランを作成して介護保険サービスを利用することになります。

ケアマネジャーに依頼する

要介護認定の区分は「非該当（自立）」「要支援」「要介護」があり、それぞれ利用できるサービスが異なります。要支援の場合、介護予防サービスを利用できます。

要介護の認定を受けたら、**居宅介護支援事業所（ケアプランを作成する事業者）に連絡してケアプランの作成を依頼**します。ケアプランは、居宅介護支援事業所のケアマネジャーが作成するもので、どのような介護保険サービスを、いつ、どれだけ利用するかを決める計画です。自分でケアプランを立てることもできますが、介護サービスに関するさまざまな情報を自分で調べることは大変なので、ケアマネジャーに依頼しましょう。ケアマネジャーは、地域包括支援センターに相談するなどして選びます。時間を守る、秘密を守る、利用者の希望を尊重する、利用者の尊厳を守るなど、人として信頼できるかどうかで選びましょう。

ケアマネジャーの役割

ケアマネジャーは、まず、利用者本人とその家族と面談して、**利用者の状態や希望に合わせて週間計画・月間計画などの案を作成**します。その後、利用する介護保険サービスの事業者に連絡をして、本人を交えたサービス担当者会議を開いて内容を確認します。**本人とサービス事業者が納得できたら計画が正式に決定**となり、その計画に従って利用が始まります。1か月後には、モニタリングといって、**ケアマネジャーが利用者の自宅を訪問し、ケアプランが適切かどうかを確認**します。もっとたくさん利用したい、ほかのサービスを利用したい、ほかの事業者にしてほしいなど、**利用者本人とその家族の要望も聞き取り、次の月のプランを作成**します。

Check!

こんな対応には要注意！ ケアマネジャー選びのポイント

- □ 利用者の質問にきちんと答えてくれない。話をきちんと聞いてくれない
- □ 説明に専門用語などが多く、難しくてわかりにくい
- □ 所属する事業所と提携しているサービス事業者ばかりをすすめる
- □ ケアマネジャー自身の経験や価値観で判断する
- □ 必要なときにすぐ対応してくれない（忙しいことを言い訳にする）

※ケアマネジャーが合わないと感じたら我慢せずに、地域包括支援センターに相談して変更してもらいましょう。決してわがままなことではありません。

ケアプラン作成と介護保険サービス利用の流れ

要介護認定の通知

要介護

[在宅サービス利用の場合]

①ケアプランの作成依頼

居宅介護支援事業所を選び、ケアプラン作成を依頼する。その事業所に所属するケアマネジャーが担当になる。

※施設サービスを利用する場合は、施設の介護支援専門員がケアプランを作成。

②面談(アセスメント)

担当ケアマネジャーと面談。どんなサービスを利用したいかを伝える。ケアマネジャーは本人の状態を確認、家族の要望も聞き取る。

③ケアプラン案の作成

面談で聞き取った情報をもとにケアマネジャーがケアプラン案を作成。本人がサービス事業者に連絡・日程調整をする。

④サービス担当者会議の開催

本人(家族)、ケアマネジャー、サービス事業者が集まってサービス担当者会議を開催し、ケアプランの内容を確認。(一部変更することもある)

⑤ケアプラン決定

本人、サービス事業者にケアプランを配布。納得できたら、サービス事業者と契約。

⑥サービスの利用

ケアプランに従ってサービスを利用する。

※利用料(1～3割の自己負担分)は、月末に利用者に請求される。

⑦モニタリング

利用開始から1か月後に、ケアマネジャーが利用者の自宅を訪問してケアプランが適切だったかどうかを評価する。

※ケアプランについて要望があれば伝え、プランを変更してもらう。

⑧ケアプランの検討

モニタリングの結果にもとづいて、必要があればケアプランを変更。

問題がなければケアプランを継続する。

※ケアプラン作成とモニタリングの自己負担はなく、無料で利用できる。

⑤～⑧を繰り返すが、モニタリングの結果、本人の状態が大きく変化した場合や、更新認定の後は③に戻る。

要支援

介護予防サービスを利用

地域包括支援センターの職員(ケアマネジャー)に相談して利用するサービスを決め、介護予防ケアプランを作成してもらい、介護予防サービスを利用する。

非該当(自立)は、介護保険サービスを利用することはできません。フレイル(虚弱化)予防のための体操や筋肉トレーニング、栄養不足を予防するための料理教室や食事会、認知症予防の脳トレやゲームサロンなどが市区町村ごとに行われています。実費程度の費用で参加できますので、大いに利用して健康を維持したいものです。

公的介護サポート

居宅サービスと施設サービス

介護保険サービスは居宅利用と施設利用に分かれます。施設サービスは要介護3以上の場合に利用できます。

居宅サービスは自宅訪問、通所などを組み合わせて利用

居宅サービスには、**自宅に来てもらって生活援助、介護、看護を受ける訪問系サービス**と、**事業所に行って介護や看護を受ける通所系サービス**があります。また、**短期間宿泊して受ける短期入所サービス**もあります。

サービスごとに要介護度に応じて利用金額が決まっています。一方、利用者には要介護度に応じて利用できる限度額が設定されており、その範囲であればいろいろなサービスを必要な回数ケアプランに入れることができます。ただし、訪問系サービスではヘルパーの都合や引き受けられる地域、通所系サービスの場合は、利用定員や送迎できる地域などの制限がありますので、各事業所の条件も考慮して利用を決めます。

施設サービスはトータルケア

施設サービスは、**自宅で生活することが難しい場合に選択するサービス**です。入所して心身を休めたり、リハビリをするなどして自宅に戻ることを目的としています。一人暮らしの場合や家族も介護が必要な場合は、長期にわたって施設に入所することも多く、終の棲家となる場合もあります。

施設サービスは、利用者の体調に合わせ、着替え、食事、入浴などを介助してくれるほか、レクリエーションや趣味活動なども行っており、利用者の日常生活をトータルにケアするサービスです。**要介護度に応じて一日当たりの利用料が決まっています。**ただし、**食費、居住費、水道光熱費のほか、紙パンツ代やレクリエーションの材料などは実費負担**になりますので、それらも考慮して利用を検討します。

Check!

おさえておきたい! 3つの介護保険施設の違い

□ 介護老人保健施設(老健)	一時的に在宅での生活が難しくなった人や病院から退院してすぐに自宅での生活に戻れない人などが利用。リハビリをして自宅生活への復帰を目指し、利用できる期間は3か月〜1年に限られている
□ 介護老人福祉施設(特別養護老人ホーム)	要介護3以上の人を対象に食事、入浴、排せつなどの身体の介助や掃除や洗濯などを行う。終身での利用ができる
□ 介護医療院	長期の療養を目的とした施設で、介護だけでなく医療も提供。医療ケアが充実しており、持病のある人、要介護度が高い人の利用に適している

居宅介護支援で受けられる介護保険サービス

①訪問系サービス

訪問介護	介護福祉士や訪問介護員が来て、身体介護や生活援助を行う。※1
訪問入浴介護	浴槽を持ち込んで入浴の介助を行う。
訪問看護	保健師や看護師などが来て、療養の世話や診療の補助を行う。※2
訪問リハビリテーション	理学療法士、作業療法士、言語聴覚士などが来て、リハビリを行う。
居宅療養管理指導	かかりつけの医師・歯科医師が来て、療養上の指導・助言を行う。薬剤師が服薬の指導を行う。

※1 身体介護とは、食事・入浴・排せつの介助で、生活援助は掃除・洗濯など。
※2 療養の世話や診療とは、血圧を測るなどの健康観察や、医師の治療計画に基づく点滴や注射などの医療行為など。

②通所系サービス

通所介護	日帰りで施設に通い、健康チェック、機能訓練、食事、入浴、レクリエーションなどを行う。（通称デイサービス）
通所リハビリテーション	日帰りで施設に通い、リハビリを行う。（通称デイケア）

③短期入所サービス

短期入所生活介護	介護老人福祉施設などの施設に短期間入所して日常生活の世話を受ける。
短期入所療養介護	介護老人保健施設や介護医療院などの施設に短期間入所して、日常生活の世話と医療ケアを受ける。

④その他のサービス

福祉用具貸与	ベッドや車いすなどをレンタルする。
福祉用具販売	入浴や排せつに関する福祉用具を購入する。※3
住宅改修費支給	手すりを付けたり、家の中や玄関まわりの段差をなくすなどの工事を行う費用の補てん。※4

※3 ポータブルトイレや入浴用のシャワー椅子など。
※4 住宅改修費支給は、毎月ではなく、一人につき20万円までの利用となっている。

1週間のケアプランの例（要介護1で一人暮らしの場合）

月曜日	火曜日	水曜日	木曜日	金曜日	土曜日	日曜日
訪問介護 2時間	通所介護 6時間	利用なし	訪問介護 2時間	通所介護 6時間	訪問リハビリ 1時間	利用なし

快適な住まい方

自宅で過ごすための工夫

一人暮らしになっても、介護が必要になっても、自宅を動きやすい状態にすることで住み続けることができます。

身体が虚弱化しても自宅に住みたい

少し古い調査ですが、身体が虚弱化したときに、現在のまま、あるいは改善のうえで、自宅に留まりたいと望む人の割合は66・4％を占めています（内閣府「平成27年版高齢社会白書」）。そのためには、自宅が安全で安心して動ける場所でなければなりません。

大きな問題としては、**駅やバスの停留所が遠いと買い物や通院が不便に感じる**、**エレベーターのない集合住宅では閉じこもりがちになる**、**二階建ての一戸建てでは二階が使われなくなってしまう**といった不都合があります。その場合は転居も視野に入れましょう。

転居には時間と労力、そして気力が必要なので、自分が元気に動けるうちに、早めに決断することが必要です。

安心・安全に移動・行動できる家にリフォームする

自宅に住まうなら、**段差をなくす、手すりを付ける、ドアは引き戸にしたり、ドアノブをレバー式に変更するなどのバリアフリー化が大切**です。

そのほか、寝室はトイレの近くに移動し、洗面台や台所は使いやすい高さに調節すると身体への負担が減ります。また、介助の人と一緒に歩いたり、車いすを使ったりする場合を想定して廊下の幅は広めに。浴室は滑りやすいので、手すりも床も滑りにくい素材にするか、滑り止めを付けます。ヒートショック予防のために暖房の設備も欠かせません。

なお、身体機能の状態は時間がたつと変化しますので、リフォームは、少し悪くなった場合を想定して検討し、自分の状態に合わせてときどき見直すことも大切です。

Check!

介護保険で利用できる住宅改修

- ☐ 手すりの取り付け
- ☐ 段差の解消
- ☐ ドアを引き戸に、ドアノブをレバー式に交換
- ☐ 和式便器を洋式便器に交換
- ☐ 浴室に滑り止めを付ける

※介護保険の住宅改修費の給付は、要支援・要介護に認定されれば、区分に関係なく一律に20万円（そのうち1～3割は自己負担）となっています。

※複数回の分割支給もできるので、トイレの便器交換で5万円（自己負担5,000～15,000円）、別の機会に段差解消10万円（自己負担1万～3万円）を請求することもできます。

介護保険の住宅改修費支給の申請から給付まで

①ケアマネジャーに相談
住宅をリフォームしたい理由などを伝える。

→

②見積を依頼
介護保険を使うリフォームやバリアフリーに慣れている業者に依頼。必ず複数の業者に依頼する。

→

③業者を決定する
見積の項目がわかりやすい、何が改善するか説明が丁寧、福祉住環境コーディネーターなど専門家がいるなどを基準に決める。

↓

④市区町村に申請
申請書のほか、住宅改修が必要な理由書、改修予定場所の写真や施工後のイメージ図などを提出する。

※申請書は、ケアマネジャー、地域包括支援センターの職員など資格がある人でなければ作成できない。

←

⑤審査結果の通知

←

⑥工事の実施

↓

⑦改修費の支払い

→

⑧市区町村に支給申請
工事完了報告書のほか、工事内訳書と領収書、施工後の写真を提出する。
※全額を自分で支払って請求する「償還払い」と、自己負担分のみを支払って介護保険給付分は施工業者が市区町村に請求する「受領委任払い」があり、自分で選ぶことができます。

→

⑨口座振り込みで支給

困ったときに頼りにできるのは

①信頼できるケアマネジャー
自分の話をよく聞いてくれる、共感してもらえる、連絡を取りやすい人を選びましょう。実際に担当してもらってわかることもあります。変更することもできますので、自分に合う人を見つけましょう。

②地域包括支援センターは高齢者介護の窓口
介護保険サービスを利用できない非該当の場合は、介護予防・日常生活支援事業を利用できます。地域包括支援センターがその窓口です。電話でも対応してくれます。

③社会福祉協議会は福祉の窓口
介護保険サービス以外の家事援助をしてくれるところはあるか、地域のサービスについてどこに行けばいいかなどを教えてもらえます。成年後見制度など法的なことも相談にのってもらえます。

④話し相手も大切
日常的に話せる相手がいなくなると心細くなり、詐欺や強引な商法にだまされやすくなります。日頃から話し相手になってくれる人や場所をつくっておくことが在宅生活を支えます。

快適な住まい方

賃貸住宅に住むために

立ち退きを迫られたり、住み替えが必要になったりした場合、次に住む場所が契約できないことがあります。

高齢者は賃貸住宅の契約が難しい

賃貸住宅に住んでいて、**退去してほしいと引越しを迫られることがあります。**その理由としては、物件が老朽化して建て替えをしなくてはならない場合や、相続問題が発生して物件を処分したい場合などが考えられます。また、借りている側の都合として、退職後に収入が減ったため、家賃負担を減らしたい、3階や4階から1階に住み替えたい場合もあります。

ところが、**高齢者の場合、次の入居先が見つからないということがよくあります。**急に具合が悪くなって突然死する可能性や、判断能力が低下して不審火を出す可能性があるなど心配なことが増えるため、契約をしたくない大家が多いのです。

高齢者向けの住宅や居住支援法人を利用する

保証人に加え身元引受人を選ぶことで大家の不安を取り除いたのが、高齢者向け賃貸住宅です。入居時には、月収などではなく、預貯金や年金額で入居を判断します。生活援助や介護サービスを提供するものもあり、住宅により違いが大きいです。

なお、**物件が見つからず困った場合の相談先として、住宅確保要配慮者居住支援法人があります。**この法人は、各都道府県が指定するもので、高齢者、低所得者、被災者、障害者など賃貸契約が難しい人を対象に、物件探しのほか、保証人になる、見守りを行うことにより、賃貸契約ができるように支援しています。引越しなどにかかる費用には補助金が出ます。

Check!

これだけはおさえておきたい！立ち退きを迫られたら

- □ 借地借家法では、通常の賃貸借契約の場合は、契約期間が過ぎれば更新することが原則で、大家からの立ち退き要求に従う義務はない（定期借家契約の場合は期日に立ち退く必要があります）
- □ 必要な立退料を要求することができる
- □ 立退料に相場はないので、個別に交渉が可能。弁護士に相談もできる

※建物の著しい老朽化や大家自身が住むことになった場合などは、退去を要求する正当な理由として認められていますが、その場合でも立退料が払われているという実態があります。

※立退料には、引越し費用のほか、高齢で作業が難しい場合は、荷造りの費用も含めることができます。また、転居先の敷金・礼金・不動産会社の仲介手数料などの一時金、転居に伴う固定電話の移転の手続き費用、引越しの通知をするための通信料なども要求できます。

高齢者にやさしい家賃補助

自治体により、名称や助成内容、条件に違いがあります。利用を希望する場合はお住まいの市区町村に問い合わせて詳細を確認してください。

①高齢者世帯賃貸住宅家賃助成

民間賃貸住宅の家賃を支払っている高齢者世帯に家賃の一部を助成し、経済的負担を軽減するものです。

②高齢者世帯等住み替え家賃助成

賃貸住宅が老朽化で取り壊しになるなどの理由で転居することになった高齢者世帯に、転居後の家賃の一部が一定期間支給されます。

高齢者向け賃貸住宅を比べてみる

入居の条件やサービスの内容の詳細は個々の住宅によって異なりますので、実際に利用する場合には、仲介業者の説明やリーフレットなどで契約内容を確認しましょう。

<table>
<tr><th colspan="2">サービス付き高齢者向け住宅（サ高住）</th><th rowspan="2">高齢者向け賃貸住宅</th><th rowspan="2">シルバーハウジング</th></tr>
<tr><th>介護型</th><th>自立型</th></tr>
<tr><td>介護が必要な人
（要支援１〜要介護２）</td><td colspan="3">介護が必要ない人（入居後、介護が必要になった場合は、外部の介護保険サービスを利用して日常生活が送れる範囲であれば、住み続けることができる）</td></tr>
<tr><td colspan="3">民間事業者が運営</td><td>自治体・都市再生機構・住宅供給公社が運営</td></tr>
<tr><td colspan="3">賃料は数万〜数十万円と幅がある</td><td>低所得者には家賃の減免制度がある</td></tr>
<tr><td colspan="4">賃貸借契約・保証人と身元引受人が必要（保証協会を利用できる）</td></tr>
<tr><td colspan="3">預貯金や年金額などで入居が判断される</td><td>入居には収入の上限がある</td></tr>
<tr><td>食堂の併設など食事のサービスがある（有料）</td><td colspan="3">食事のサービスはない</td></tr>
<tr><td>日中の安否確認・見守りサービス、緊急対応、生活相談※1、生活援助（買い物、掃除など）、介護保険サービスがある（いずれも有料）</td><td colspan="2">日中の安否確認・見守りサービス、緊急対応、生活相談※1がある（いずれも有料）</td><td>緊急通報システム・見守りセンサー付き、生活援助員による支援※2がある（いずれも無料）</td></tr>
</table>

※1　生活相談は、実際に家事をするのではなく病院や介護の窓口案内や相談などです。
※2　生活援助員による支援は、生活相談に加え、一時的な生活援助も含まれます。

住まいの処分

自宅の処分

高齢者向けの賃貸住宅や老人ホーム、介護保険施設などに入居することに決めた場合は自宅を処分する必要が出てきます。

自宅の処分は余裕をもって進めたい

持ち家があっても譲る子がいない場合、いずれ処分する、親族に相続するなど考えるときがきます。そのタイミングは人によって違うでしょうが、**自分一人での暮らしが体力的・精神的に難しいと感じたとき**が、高齢者向けの賃貸住宅や有料老人ホームなどの施設へ**住み替えを検討するとき**ではないでしょうか。

家の処分は、信頼できる不動産会社を探すことから始めなければなりませんし、購入希望の人に自宅を見てもらう必要もあります。また、希望する金額で購入してくれる人がすぐに現れるわけでもないので、**多少時間がかかることを覚悟しないと、安値で不動産会社に買い取ってもらうという事態になりかねません。**引越し先を探すことと並行して進めたほうがいいでしょう。

特定空き家にならないように注意が必要

亡くなった両親の家や、いずれ戻るつもりだったが結局使っていない自宅を所有していると、どうなるのでしょうか。気になっていながらも自分の体力がなくなってくると管理が追いつかず、結果的に放置することになります。その結果、**窓ガラスが割れ、屋根が傾いて倒壊するおそれのある状態になったり、不衛生な状態で近所に害が及ぶような状態になったりすると、自治体から「特定空き家」に指定されてしまいます。**

「特定空き家」に指定され、期日までに対応しないと住宅地として受けていた**固定資産税・都市計画税の優遇措置が適用されなくなり**、税金が約4～6倍になってしまいます。そんな事態を避けるためにも早めに処分を検討することをおすすめします。

Check!

空き家を処分しないで所有しているとどうなる？

- ☐ 住んでいなくても所有している人に固定資産税・都市計画税が課税される
- ☐ 荒れてしまわないように月に1回程度は通って管理する必要がある

※自分が直接管理できない場合は、空き家管理を請け負う業者に依頼することも検討しましょう。管理していれば、いい状態が保てるのでいい条件で売却できます。

※特定空き家に指定されても、すぐに税金の優遇措置がなくなるわけではありません。空き家の状態を改善するような助言・指導があるので、それに従って改善すれば特定空き家の指定は解除され優遇措置が継続されます。助言・指導に従わない場合は勧告がなされ、翌年の税金から優遇措置がなくなります。

特定空き家の指定を受け、助言・指導があったら

助言・指導

助言・指導に従わずそのまま放置すると、税の優遇措置が受けられなくなる

助言・指導に従い、自分で整理・掃除をする

自分でできない場合は家事代行サービス業者や便利屋さんなどに依頼する

売却をする場合

管理を代行してくれる業者を探して売却が決まるまでの管理を依頼する。同時に、不動産会社を探して売却する

管理と売却を同時に請け負ってくれる業者に依頼して売却する

自分で所有し続ける場合

管理を代行してくれる業者を探して定期的な管理を依頼する

空き家の維持・管理にかかる費用の一例

固定資産税・都市計画税（一戸建て）	年間10万～20万円程度
火災保険	年間1万～3万円程度
電気・水道料金※	年間2万～3万円程度
その他の管理（業者に依頼） 換気・通水、郵便物の回収、掃除、草取り、庭木その他外まわりの確認など （庭木の剪定は含まない）	月に1回、約30分でできる作業なら5,000円、1時間でできる作業なら1万円程度で委託できる（年間6万~12万円程度）。作業後は報告書が届く。
合計	年間19万～38万円

※掃除などをする際に使用するので、電気も水道も契約しておく必要があります。

※電気はアンペア数を減らして契約をすると基本料金を安く抑えられる場合があります。

Check!

放置しておくと行政代執行される

安全上、衛生上など、状態が悪い特定空き家には「行政代執行」が行われることがあります。特定空き家などの所有者に修繕、解体するよう指導しても解決しない場合、行政が解体します。その費用は所有者の負担となり、支払えない場合は、財産が差し押さえられます。

高齢者施設の種類

心身の機能が低下して介護が必要になった場合は、介護サービスを受けられる施設に入所することも選択の一つです。

公的な高齢者施設

介護サービスが受けられる高齢者施設は、国、地方自治体、社会福祉法人などが運営する**公的な施設とそれ以外**に分かれます。公的施設には、**介護保険施設とケアハウス**があります。

介護保険施設は要介護認定を受けた人が利用でき、各施設で提供されるサービスや設備は基準が定められています（P.49）。利用料は要介護度によって異なります。

ケアハウスは比較的低額で入所できる施設で、「介護型」と「一般型（自立型）」があり、「介護型」では、要介護認定を受けて介護保険サービスを利用できます。「一般型（自立型）」は介護の必要はないが一人暮らしに不安があるという場合などに利用できます。

民間が運営する高齢者施設

公的施設以外の高齢者施設は民間が運営するもので、**有料老人ホーム、サービス付き高齢者向け住宅**（P.53）、**グループホーム**があります。

有料老人ホームには「介護付き」と「住宅型（介護サービスの提供なし）」があり、高齢者向け住宅にも、「サービス付き」とそうでないものがあります。介護付き・サービス付きの場合は要介護認定を受けていれば介護保険サービスを利用できます。入居の年齢・要介護認定の有無などの条件、設備、提供されるサービス、料金設定などはいろいろと違いがあります。なお、有料老人ホームは入居時に一時金が必要になる施設がほとんどです。そのほか、認知症の人を対象にしたものが多いグループホームもあります。

Check!

おさえておきたい！　介護保険施設の料金の中身

☐ 介護サービス利用料	介護保険が適用される。要介護度が高いほど利用料も高く、多床室より個室・ユニット型個室のほうが高い。
☐ 居住費	全額自己負担で、多床室より、個室・ユニット型個室のほうが高い。
☐ 食費	全額自己負担で、施設、要介護度、部屋の種類にかかわらず同額。
☐ 日常生活費	全額自己負担で、施設により差があるが1万円程度が多い。

※介護サービス利用料は、国の基準で地価や人件費が割高な大都市のほうが地方都市より高く設定されています。居住費、食費は住民税非課税世帯では減額される制度があります。

主な高齢者施設の種類と特徴

※利用料は目安。1割負担の場合。

種類	概要	費用の目安
公的施設：介護保険施設		
特別養護老人ホーム（特養）	65歳以上で要介護３以上、常時介護が必要な人が利用対象。終身、住むことができる。	入居費は無料。月額は、介護保険サービス利用料、居住費、食費、日常生活費の合計で10万～14万円。
介護老人保健施設（老健）	65歳以上で要介護１以上、リハビリを受けて在宅復帰を目指す人向けの施設。	入居費は無料。月額は、介護保険サービス利用料、居住費、食費、日常生活費の合計で8.5万～14万円。
介護医療院	65歳以上で要介護１以上、医療の必要な人が長期療養するための施設。	入居費は無料。月額は、介護保険サービス利用料、居住費、食費、日常生活費の合計で7.5万～15万円。
公的施設：ケアハウス（要介護認定を受ければ介護保険の特定施設入居者生活介護を利用）		
自立型ケアハウス	食事、掃除、洗濯、買い物などの生活支援サービスを提供する施設。介護サービスが必要な場合は、外部サービスを利用。要介護度が上がると退去することになる。	入居費は無料～30万円程度。月額は、生活支援サービス費、食費、光熱費、家賃（管理費）、日常生活費などの合計で９万～15万円程度。外部サービス利用料は別途必要。
介護型ケアハウス（介護保険の特定施設）	食事、掃除、洗濯、買い物などの生活支援サービスと介護サービス（介護保険利用）を提供する施設。要介護度が高くなっても住み続けることができる。	入居費は十数万～数百万円程度。月額は、介護保険サービス利用料、生活支援サービス費、食費、光熱費、家賃（管理費）、日常生活費などの合計で10万～20万円程度。
民間施設		
種類	**概要**	**費用の目安**
サービス付き高齢者向け住宅（サ高住）	65歳以上で要支援１～要介護２の人、60歳以上の一人暮らし、夫婦の場合はどちらか一方が60歳以上の場合に利用できる。	入居時は、敷金と前払い家賃（３～５か月分）と仲介手数料。月額は、家賃、共益費、生活支援サービスなどで15万～20万円。食事代、光熱費、介護保険サービス利用料などは別途必要。
介護付き有料老人ホーム	60歳または65歳以上の人が、24時間体制で生活支援・介護サービスを受けられる施設。要介護度が高くなっても、住み続けることができる。	入居費０～数百万円以上。月額10万～30万円程度。
住宅型有料老人ホーム	60歳または65歳以上の人が、24時間体制で生活支援サービス、介護サービスを受けられる施設。介護サービスは、外部サービスを利用。	入居費０～数百万円以上。月額10万～30万円程度。
高齢者向け賃貸住宅	介護の必要がない高齢者向けの住宅（➡P.52）。60歳以上を対象としている場合が多い。	入居時は、敷金と前払い家賃（３～５か月分）と仲介手数料。月額は、家賃、共益費などでサ高住と同程度。広い部屋や管理人・相談員が常駐するような場合は、サ高住よりも高額になる。

高齢者施設の選び方

高齢者向けの施設は、利用する人それぞれの毎日がよりよくなるものを選ぶ必要があります。

自由を重視するか、安心を重視するか

夫婦そろって介護が必要ではない時期に高齢者向け賃貸住宅、ケアハウス、有料老人ホームに入居することを検討する場合は、**バリアフリー構造や生活相談など最低限のサービスが備わっている自立型の施設**を選ぶと、自宅に住んでいたときとあまり変わらない環境で自由に過ごせ、費用も少なくすみます。とはいえ、食費、居住費、水道光熱費は介護保険施設であっても全額自己負担です。利用料に加えて予算を検討する必要があります。

一方、一人暮らしで孤独死や急病など**日常生活や健康に不安がある場合は、介護付きを選んでおくといい**でしょう。介護が必要になった場合にも引越しをする必要がなく、そのままの生活を継続できます。費用負担は増えますが、長く安心して暮らすことができます。

介護を提供する施設は、食事や人で選ぶ

介護が必要になってから選ぶ場合は、**サービス付き、介護付きの施設を選ぶか介護保険施設**を利用することになります。その場合、立地や設備も大切になりますが、**食事とそこで働く人**がとても重要です。

食事は介護保険施設であっても全額自己負担になりますので、利用料を抑えるために材料となる食材費を低くしていると、どうしてもいい食事にはなりません。毎日のものなので、多少価格が高くても**栄養面や心理面から考えて、食事の質は大切**です。

慢性的な介護人材の不足が問題となっている中ですが、**利用者の立場で考えて対応してくれる人、そして何より自分と相性がいい人**がいる施設が理想です。

Check! こんな施設がいい！

- ☐ 自分が必要なサービスを選べる＝不必要なサービスがパッケージされていない
- ☐ お試し利用ができる
- ☐ 施設の整理整頓、掃除が行き届いている
- ☐ 食事がおいしい（外部委託ではなく、キッチンが施設にある）
- ☐ 介護スタッフ、生活相談員が自分と相性がいい
- ☐ 友人、知人が訪ねてくるのに交通の便がいい

あなたに必要な施設はこれ！

日常生活に支援が必要な場合（早めの準備をする）

重視するものは

- 自由 → 生活援助が必要
  - NO → 高齢者向け賃貸住宅
  - YES → サービス付き高齢者向け住宅
- 安心 → 24時間の見守りが必要
  - NO → 自立型ケアハウス
  - YES → 住宅型有料老人ホーム

日常生活に介護が必要な場合

要介護認定を受けている

- NO → 24時間の見守りが必要
  - NO → 介護型ケアハウス
  - YES → 介護付き有料老人ホーム
- YES → 要介護3以上
  - NO → 介護老人保健施設（老健）（将来、自立を目指す）
  - YES → 医療サービスが必要
    - NO → 特別養護老人ホーム※（特養）
    - YES → 介護医療院

※特養には空きがなく、介護付き有料老人ホームに入居することも多い。

4

通院・入院について考える

この章でわかること

- 通院支援、困ったときの相談
- 入院準備
- 入院にかかる費用と医療制度

現在、要介護につながる全身の虚弱化（フレイル）は、何でも食べられる歯と口の維持が予防の鍵であるとの認識が広がっています。こうした知識を取り入れ、健康に暮らせる時間を延ばすことはとても重要ですが、「いざ」というときは、いずれ訪れます。病名や余命の宣告を受けたいのか、延命治療を希望するかなど、伝えたくても自分で意思表示ができない状態にあることも十分考えられます。そのときになってあわてないように、ふだんからパートナーや身近な人、かかりつけ医と話し合っておくことが大切です。日頃から「もしも」のときの自分の考えや心づもりを共有しておきましょう。

また、急な入院時に困らない備えをしておくことも必要です。入院に必要な書類を誰に頼むのか、病院に運び込まれても、着替えやタオルを持ってきてくれる人がいない場合、病院で手配ができる入院セットは何かなどあらかじめ知っておけば安心でしょう。

お金の心配をしなくてすむように、準備しておくことも大切です。医療費が高額になっても、公的な助成制度がありますが、差額ベッド代や着替え、クリーニングなど実費がかかるものも多く、あなどれません。

入院は、人生で最も不安を感じるときかもしれません。備えあれば憂いなし。次のページから詳細について解説していきます。

いざというときへの備え

どうしたいか考える

命の危険が迫った状態に備え、信頼する人と、自分の望む医療やケアについて話し合うことが大切です。

自分の心の声を伝えることができる

インフォームドコンセントという言葉が広く知られるようになり、病院や施設では**治療やケアの方針を本人と話し合って決めること**が当たり前になってきました。

しかし、急な事故や病気の進行のために、突然、話を聞くことも自分の意思を伝えることもできない状態になった場合には、まわりの人が治療やケアの方針を決めなくてはいけなくなります。悩み、迷うことも多いでしょう。でも、**命の危険が迫ったときが来たら「こうしたい」「こうしてほしい」ということを、まだ元気なうちに話し合っていたら、残された人は本人の気持ちを伝えることができ、**心の負担は軽くなります。そうした話し合いをすることを**アドバンス・ケア・プランニング（ACP）**といいます。

アドバンス・ケア・プランニングを取り入れよう

厚生労働省によれば、命の危険が迫ったとき約70％の人が、その後の医療やケアについて自分で決められない状態になるといわれています。だからこそ、**あらかじめ話し合って書面に残すことが必要**です。

必要なことと理解はしていても、なかなか行動に移すことが難しいことでもあります。そこで、厚生労働省はこのプランニングを**「人生会議」**と名付け、啓発活動をしています。話し合うためのきっかけをどうつくるか、実際にどういう内容を話し合うといいかなど、プランニングをやってみるためのノウハウがわかりやすく説明されたリーフレットやホームページが作成されています。ぜひ、終活の一つに取り入れていきましょう。

Check!

自分はどうしたいか考えよう

残された時間が限られているとしたら、自分にとって何が大切なのか、自分の考えと向き合うことがアドバンス・ケア・プランニングの入口です。

□ 家族や友人のそばにいること	□ 少しでも長く生きること
□ 仕事や社会的な役割が続けられること	□ できる限りの医療が受けられること
□ 一人の時間が保てること	□ 痛みや苦しみがないこと
□ 好きなことができること	□ 家族の負担にならないこと

※考えに当てはまるものにチェックを入れ、そう考えた理由を具体的に考えていきましょう。

出典：厚生労働省「人生会議学習サイト」より著者作成

取り入れよう！アドバンス・ケア・プランニング

1　次のような状態になったら、あなたはどうしたいですか？

A～Cから自分の気持ちに近いものを選んでチェックしてください。

「重体や危篤になって目が覚めず、まわりに自分の気持ちや考えを伝えられない」
「体の自由がきかない」「身のまわりのことが自分でできない」
「自分で排せつすることができない」「食べたり飲んだりすることができない」
「機械の助けがないと生きられない」（例：人工呼吸器を使う）
「治すことができないつらい痛みが続く」

- □ A　必要な医療やケアを受けて、できるだけ長く生きたい。
- □ B　命が短くなる可能性はあるが、今以上の医療やケアは受けたくない。
- □ C　わからない。

その理由は？

2　いざというとき、あなたに代わってあなたが受ける医療やケアについて話し合ってもらいたい人は？

誰ですか？

伝えておきましょう。

その人を選んだ理由は？

3　治療やケアを受けている場合は、医療・介護従事者にも伝えましょう。

自分の考えが伝えられなくなったときに、あなたが望んでいた通りにしてほしいかどうかも書いておきましょう。

- □ A　自分が望んでいた通りにしてほしい。
- □ B　自分が望んでいたことを基本として、医療・介護従事者と信頼できる人で相談して決めてほしい。
- □ C　自分が望んでいたことと違っても、医療・介護従事者と信頼できる人で相談して決めていい。

4　自分の健康状態や判断能力、病状などが変化したときは気持ちが変わることもあるので、定期的に見直し、考えを整理し、必要に応じて医療・介護従事者、信頼できる人と話し合い、内容を訂正しましょう。

出典：厚生労働省「人生会議学習サイト」より著者作成

いざというときへの備え

通院介助について知っておく

高齢になると通院すること自体大変ですが、サービスを上手に組み合わせれば投薬や治療を続けることができます。

通院介助でしてもらえることは限られている

介護保険では、訪問介護員が訪問介護の**「通院等乗降介助」**というサービスの中で、通院介助をします。**要介護1〜5の人で、あらかじめケアプランに入れた場合に利用できます。**その内容は「医療機関に通院するために必要な移動の介助」とされており、**いわゆる「付き添い」とは違う**ことに注意が必要です。

具体的には、**外出のための準備（着替えや持ち物の準備）のほか、自宅から訪問介護員の運転する車に乗って病院に行き、受付をすること、薬を受け取って自宅に帰ることなど**が介助に含まれます。病院の中で順番を待っている間や診察時の付き添いは含まれません。受付がすんだらいったんそこで介助が終わり、診察が終わったら、また病院に来てもらって一緒に自宅に戻ることが通院介助になります。

なお、**介護保険適用の介護タクシー**を利用すると、介護職員初任者研修修了者などの運転手が**「通院等乗降介助」**を行います。訪問介護と同様、乗り降りから病院での受付の介助を行い、病院内の付き添いはしません。

病院内での付き添いは自費サービスで

医師の説明をしっかり理解できるか、自分の状態を適切に伝えられるか、病院のトイレを一人で使えるかなどが心配な場合、病院内での付き添いが必要になりますが、介護保険では提供されません。それは看護に含まれると考えられているからです。

病院で**看護師による付き添いを依頼できない場合は、家事代行業者のサービスを自費で利用する**ことになります。1時間当たり3000〜5000円程度はかかります。

Check!

「通院等乗降介助」が適用される介護タクシーの利用

- ☐ 通院（リハビリのための通院も含む）
- ☐ 補装具や補聴器など、本人が行かなければできない買い物、修理、調整
- ☐ 預貯金の引き出し
- ☐ 選挙の投票、日常生活で必要な申請や届け出

※仕事や趣味に関する外出は、介護保険を利用できません。

※介護タクシーという名称は、介護保険が適用されないものでも使えます。利用の際は、介護保険適用かどうかの確認が必要です。

※介護保険で利用する場合は、原則として付き添いの人が同乗することはできません。

介護タクシーの利用で寝たきりでも外出できる

介護タクシーの構造

車いすに座ったまま、あるいは、ストレッチャーに横たわったまま利用できるように、電動リフトやスロープなどがついています。

利用対象者

移動が一人では難しい人。具体的には、要介護認定・要支援認定を受けた人、障害者手帳をもっている人などです。

利用料

①運賃

時間当たりで金額が設定されている場合と、乗車距離で計算される場合があります。料金は、地域や業者による違いが大きいので、利用前に見積もりをとって検討しましょう。乗車距離で計算される場合は通常のタクシーと同程度の料金です。運賃は介護保険が適用されないので、全額自己負担です。

②介助費用

運転手は介護者の資格をもっているので、自宅のベッドから車いすへ移り、車いすに乗ったままタクシーに乗るという一連の動作を介助します。着替えが必要な場合はその介助もします。介護保険適用の介護タクシーであれば、この部分は介護保険が適用されます。

③介護器具のレンタル料

タクシーに備え付けの車いすやストレッチャーの使用料です。介護保険は適用されないので、実費を負担します。使う設備によって料金は大きく異なりますので、運賃同様、見積もりをとったほうがいいでしょう。

Check!

自費で利用する介護タクシーは自由度が高い

ほかの人の手を借りないと自由に行動できない要介護状態であっても、趣味や旅行などで外出する機会をもつことは自分らしく生きるために必要なことです。自費扱いになりますが、介護タクシー事業者に依頼すれば、利用目的を問わず、付き添いの人が一緒に乗って介助をすることもできます。また、要支援認定の人、障害のある人も利用できます。旅行の場合は、外出支援専門員（トラベルヘルパー。P.40）に同行してもらうと、さらに安心です。

Check!

民間救急（患者等搬送事業者）の利用

入院・転院・通院など緊急性がない場合の搬送を行ってくれる民間の事業者です。介護タクシーとの違いは、医療用の酸素、吸引器、AEDなどの医療機器を装備していて、必要であれば、医師や看護師が処置しながら移動することもできるようになっていることです。また、通常、運転者と介助者の２人態勢で運行するので、要介護４や５など重度の場合はこちらの利用が安心です。

入院であわてないための準備

自分には関係のないことと思いがちですが、突然の病気やケガで入院する可能性は誰にでもあります。

入院の原因の多くは脳血管疾患、がん、そして骨折

「令和2年患者調査の概況（厚生労働省）」によれば、65歳以上の高齢者の入院の原因は、脳血管疾患が最も多く、ついで、がん、骨折です。**脳血管疾患（脳梗塞、くも膜下出血など）と骨折は突然やってくる**ものですが、高血圧や高コレステロール血症などの持病があれば、危険性が高くなります。また、骨粗鬆症や運動不足・栄養不良によってフレイルの状態になっていれば、転倒したことで骨折することもあります。もちろん、そうした不測の事態にならないように健康に注意することが大切ですが、**病院に運ばれて身動きが取れなくなってからあわてることがないように、**非常用持ち出し袋のような感覚で入院した場合の準備（P.67）はしておいてもいいのではないでしょうか。

高齢者施設の入居中に入院が必要になった場合

ケアハウスや有料老人ホームなどの高齢者施設に入居している人が体調を崩した場合は、病院に入院することになります。そうなると、**病院の費用と施設の利用料を二重に支払うことになって経済的な負担が大きく**なります。それを考慮して、入院が3か月以上になった場合は施設からの退去を提案されることが多いようです。経済的な理由だけではなく、長期の入院後は体力が落ちていてすぐには元の生活に戻れない場合が多く、介護老人保健施設や介護医療院など、医師がいて医療が受けられる施設に移るようになることが多いということも理由の一つです。さらに、入居待ちの人がいる施設の場合、次の人を入居させてあげたいという事情もあるようです。

こうすると いい!

フレイル（虚弱化）を予防して健康長寿に

フレイルとは健康な状態と要介護状態の中間の状態です。厚生労働省では、このフレイルを予防することで健康長寿を実現しようという取り組みをしています。フレイルは、次の3つの予防を試みることにより進行をゆるめるだけでなく、健康な状態に戻すこともできます。毎日できないからとやめてしまうのではなく、少しずつ、できることからやっていきましょう。

❶ 栄養：タンパク質をしっかりとり、バランスのいい食事をし、水分を十分に摂取する。
❷ 運動：歩くほか、ストレッチや筋トレをする。
❸ 社会参加：仕事、ボランティア、趣味の活動などに取り組む。

入院時に必要なものリスト

※病院によって違いがありますので、実際には入院する病院の案内(「入院のしおり」など)を参照してください。

入院手続きに必要なもの

- ●健康保険証(後期高齢者医療被保険者証)またはマイナンバーカード
- ●公費負担医療受給者証(交付されている人)
- ●限度額適用認定証
- ●介護保険証
- ●印鑑
- ●入院誓約書
- ●診察券・その他、病院が必要としている書類

証明書関係は、入院時には必ず必要になるものなので、常にひとまとめにしておくといいです。

あるといいもの

- ●筆記具
- ●時計、ラジオとイヤホン
- ●本
- ●延長ケーブル、ハンガー、S字フック
- ●携帯電話(スマートフォン)やタブレット、充電器
- ●モバイルWi-Fi
- ●鏡、爪切り、耳かき

入院生活に必要なもの

- ●小銭(自動販売機などで使う)
- ●1000円札(テレビ用カード購入などに使う)
- ●ふだん服用している薬とお薬手帳
- ●パジャマ(前開きがいい)
- ●下着類、靴下、カーディガン
- ●タオル、バスタオル
- ●歯ブラシ、歯磨き粉、コップ
- ●せっけん(ボディソープ)、シャンプー、リンス、洗顔料など
- ●くしまたはブラシ
- ●湯飲み用のカップ
- ●室内履き
- ●ティッシュペーパー

※以下は必要な人が用意する

- ●眼鏡やコンタクトレンズ、ケア用品
- ●補聴器
- ●入れ歯ケア用品(ケース、洗浄剤など)
- ●大人用紙パンツ
- ●ひげ剃り
- ●つえ

日常生活で使うものは、特にこだわりがなければ、病院の売店などでも購入できるので入院してからでも用意できます。

こうするといい!

パジャマやタオル類もレンタルがおすすめ

病院では、入院セットとして入院中、必要なタオルやパジャマなどを洗濯サービス付きで貸し出しています。パジャマとタオルがセットになったもの、パジャマだけ、タオルだけといったもの、紙パンツがついたものなど、ニーズに合うセットを選べます。

レンタルしない場合、洗濯物を引き受ける人もたいへんですし、それらを持ち帰ると病院から菌も持ち帰ることになるかもしれず、衛生面からもいいとはいえません。利用料はかかりますが、検討してみるといいでしょう。

いざというときへの備え

入院時に必要になる身元保証人

ほとんどの病院では入院の際に身元保証人が求められ、保証人が見つからないと入院を断られることがあります。

身元保証人は医療行為の同意などをする

身元保証人（身元引受人としている病院もあります）には、たいていの場合、次のような役割が求められます。

①入退院の手続きや付き添いをする
②費用の支払いに対する連帯保証人になる
③容体が急変した場合の連絡先になる
④本人の意思を確認できない場合に治療方針を判断し医療行為の同意をする
⑤転院が必要な場合の対応をする
⑥本人が死亡した際の遺体・遺品の引き取りなどを行う

①〜③の役割は、財産管理委任契約（P.22）で受任者を決めておくか、成年後見人を選出しておくことで解決できますが、どちらの立場も**医療に対する判断をすることはできないため、別に身元保証人が必要**になります。

身元保証サービスを利用する

身元保証人は、一般的に本人と生計や世帯を別にする人が求められるので、子や親族に依頼することが多いですが、その責任は重大で、**依頼できる人が見つからないということも少なくない**ようです。そのような場合に、**有償で身元保証を引き受ける代行会社**があります。ただし、料金が高い、実際に担当する人がどういう人なのか選ぶことができないなどの問題がありますので、慎重に選ぶ必要があります。

NPO法人などが運営するサービスの場合は、比較的利用しやすい価格に設定されているところもありますので、できれば、**財産管理委任契約などと同じように元気なうちにいろいろなところを調べて、いざというときに備える**ほうがいいでしょう。

こうするといい！

短期身元保証という選択もある

最近は、医療技術の進歩、医療費削減という国の方針もあり、日帰りの手術や1泊だけの入院で済む治療なども増えてきています。それでも、身元保証人は必要です。

一般の保証人代行は、代行会社と契約をして毎月の会費を払い、いざというときに備えての身元保証だけでなく、一人暮らしで困る人の支援までセットになっていることが多いようです。そのため、契約金や預託金が必要で、会費も高くなりがちです。

日帰りや数日程度の入院に対応して、入院の日数に合わせ日帰りから数日の保証をする短期身元保証を提供する業者もあるので、それも検討してみるといいでしょう。

身元保証の代行サービスのトラブルに注意

よくあるトラブル

- 事業者に進められるままにサービスを追加したら、思ったより高額な契約になった。
- 契約するつもりがなかったサービスが含まれていた。
- 約束されたサービスが提供されない。
- 解約しても預託金が返還されない。

→

何かおかしい、どうしたらいいか困ったら

最寄りの消費生活センターや地域包括支援センターに相談すると対応してもらえます。

消費者庁と厚生労働省も、高齢者が安心してサービスを利用できるようにウェブサイトを開設して情報提供をしています。

独立行政法人国民生活センター

「身元保証などの高齢者サポートサービスをめぐる契約トラブルにご注意」
https://www.kokusen.go.jp/news/data/n-20190530_1.html

身元保証代行サービス事業者と話し合いを始める前に確認するポイント

		できたらチェック⬇
①要望の整理	自分が何をしてほしいか明確にする。	
②支払い能力の見極め	利用のたびにお金がかかるサービス、月ごとの手数料がかかるサービスの場合は、使う可能性がある期間(例えば平均余命)を想定して総額を計算してみる。	
	自分の資産状況と照らし合わせて、支払えるかどうかを検討する。	
③サービス内容の確認	自分がしてほしいこと、期待することを明確にして事業者に伝える。	
	事業者ができないことは何か確認し、納得したうえで書面に残す。	
	契約書(案)の内容は変えることができる場合もあるので、積極的に希望を出す。	
④今後のことを考えて	自分の認知能力・身体能力が衰えたときにも適切なサポートが受けられるよう、誰と何の契約をしているのかについて書面に残し、緊急連絡先などと一緒にわかりやすい所に保管する。	
	契約の内容を変更したり、解約したりする場合の手続きを文書で説明してもらい、確認する。	

出典：消費者庁パンフレット『「身元保証」や「お亡くなりになられた後」を支援するサービスの契約をお考えのみなさまへ』をもとに著者作成

費用面への備え

入院にかかる費用

病気やケガで入院した場合に費用がどのくらいかかるのか、あらかじめ知っておくと準備がしやすくなります。

入院すると必要になる費用

入院した場合に病院から請求される費用には、次のようなものがあります。

①**治療費**（検査、投薬、注射、点滴、リハビリなど）

②**入院基本料**（診察料、看護費用、部屋代など）

③**自由診療費**（先進医療費など）

④**食事代**（一食460円／住民税非課税世帯は減額）

⑤**差額ベッド代**（個室や二人部屋などの場合）

このうち、**①と②は医療保険が適用され**、実際に支払いをするのは自己負担分だけです。会社に勤めて健康保険に加入している人や退職後に国民健康保険に加入している人は3割負担です。

75歳以上の人は後期高齢者医療制度の保険に加入することになります。75歳の誕生日が近づくと自治体から後期高齢者医療制度の被保険者証が送られてきます。それまで加入していた国民健康保険、会社の健康保険、共済は脱退することになります。その場合は収入に応じて1割、2割、3割を負担します。ただし、**高額療養費制度**（P.72）があり、自己負担額の限度額を超えた分は申請すると戻ります。一方、**③～⑤は医療保険の適用外なので全額自己負担**となります。

支払いは退院当日で、金額はあらかじめ問い合わせれば計算して教えてもらえます。ただし、入院が長くなり月をまたぐ場合は、月末締めで請求され、翌月の支払期限までに支払うことになります。現金のほか、多くの病院でクレジットカードやデビットカード、銀行振り込みでの支払いも可能になっています。

そのほか、**通院や身のまわりの世話をしてもらう人の交通費**、入院中にかかる費用（P.67）は、全額自己負担です。

Check!

後期高齢者医療制度とは

- ☐ 75歳以上の人が加入し、保険料は世帯ではなく一人ひとりが払う
- ☐ 加入の申請は不要
- ☐ 保険料は年金から引き落とされる（年金額が月18万円以下の人は納付書や口座振替で支払う）
- ☐ 自己負担は、収入に応じて1割、2割、3割（被保険者証に明記）となる
- ☐ 受けることができる医療は、それまで加入していた医療保険と同じ

※後期高齢者医療制度の財源は、高齢者の支払う保険料が1割、現役世代の健康保険や国民健康保険からの支援金が4割、残りの5割は公費（税金）となっています。

病気・ケガの入院日数は？

〈過去５年間に入院したことがある人〉

20歳代〜70歳代	16.7%
うち70歳代	29.1%

〈直近の入院における平均入院日数〉

20歳代〜70歳代	17.7日
うち70歳代	20.5日

〈入院時の入院日数〉　（単位：%）　回答者数：797

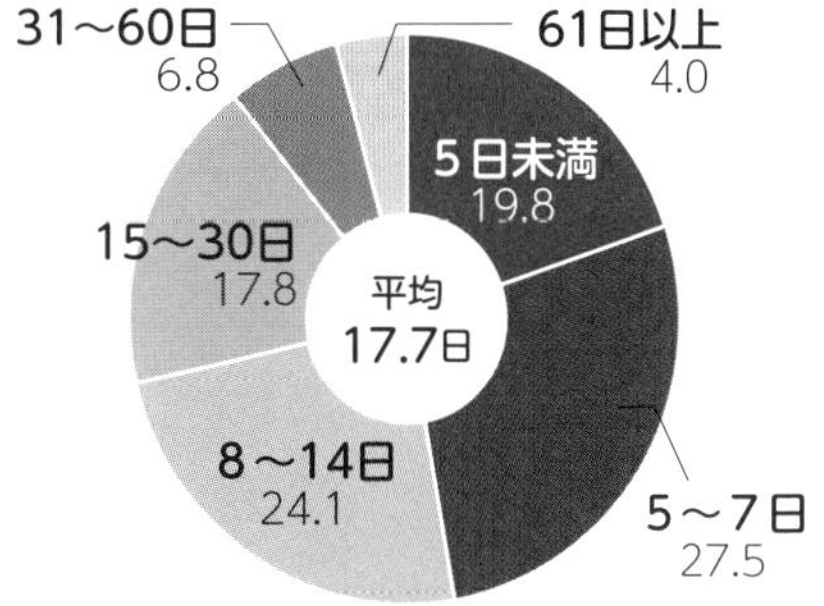

＊過去５年間に入院した人の集計

出典：公益財団法人生命保険文化センター「2022年度生活保障に関する調査」第Ⅱ章 医療保障より一部抜粋

病気・ケガの入院における自己負担費用の総額は？

〈入院時の自己負担費用総額〉　（単位：%）　回答者数：573

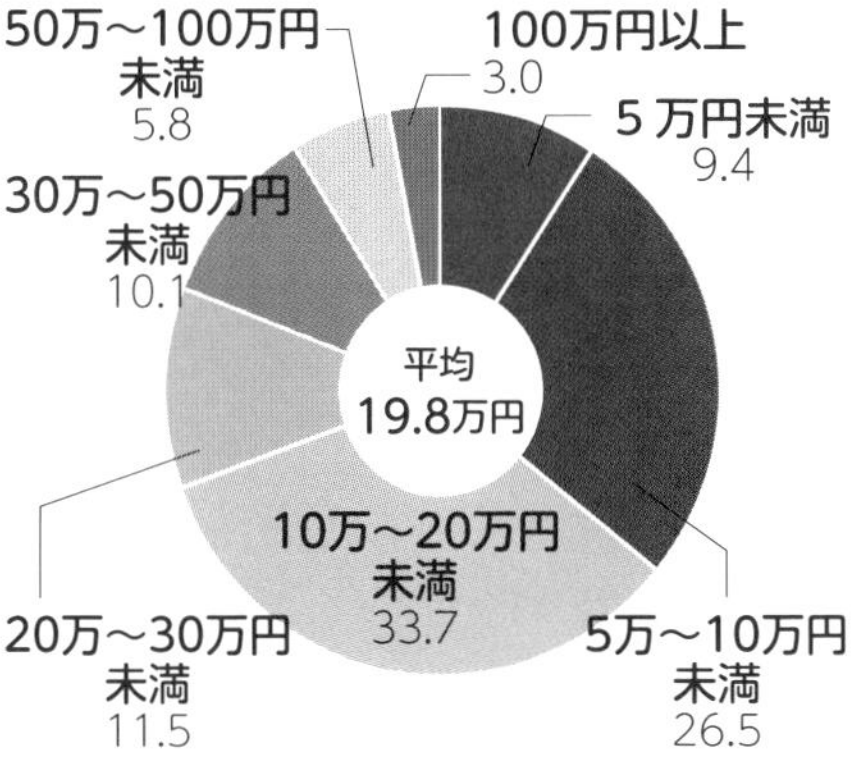

＊過去５年間に入院し、自己負担費用を支払った人（高額療養費制度を利用した人＋利用しなかった人〈適用外含む〉）の集計

＊治療費・食事代・差額ベッド代に加え、交通費（見舞いに来る家族の交通費も含む）や衣類、日用品などを含む。高額療養費制度を利用した場合は利用後の金額

〈入院時の自己負担費用総額（入院日数別）〉

	平均（万円）
全体	19.8
5日未満	8.7
5〜7日	15.2
8〜14日	16.4
15〜30日	28.4
31〜60日	30.9
61日以上	75.9

Check!

入院日数が長くなるのは精神・神経系疾患

厚生労働省「2020年患者調査（確定数）の概況」によれば、長期入院が必要になっているのは、統合失調症などの精神疾患です。そのほかには、結核、高血圧性疾患、肺炎、慢性閉塞性肺疾患、骨折も１か月を超えています。一方で悪性腫瘍（がん）の入院日数は部位にもよりますが２〜３週間で、75歳以上の高齢者でも平均23.9日です。それほど長くないのは、通院による治療ができるようになっているからと考えられます。

〈入院時の１日当たりの自己負担費用〉

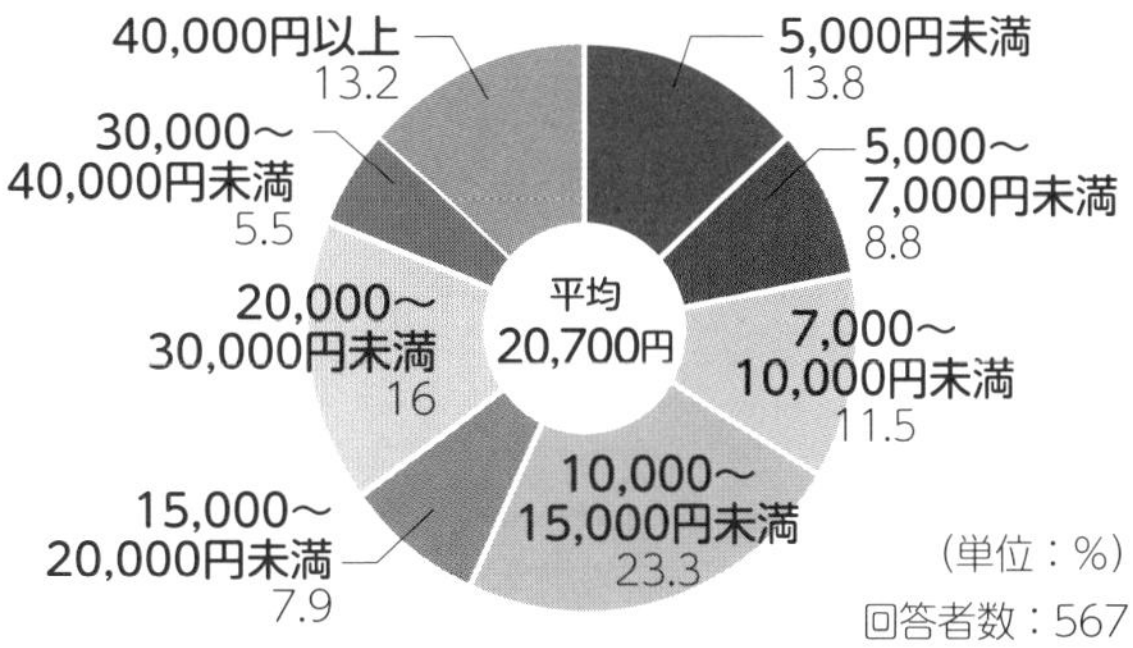

（単位：%）
回答者数：567

＊過去５年間に入院し、自己負担費用を支払った人（高額療養費制度を利用した人＋利用しなかった人〈適用外含む〉）の集計

＊治療費・食事代・差額ベッド代に加え、交通費（見舞いに来る家族の交通費も含む）や衣類、日用品などを含む。高額療養費制度を利用した場合は利用後の金額

出典：公益財団法人生命保険文化センター「2022年度生活保障に関する調査」第Ⅱ章 医療保障より一部抜粋

医療費助成制度を活用する

公的な医療保険にはさまざまな助成制度がありますので、利用することで経済的な負担を減らすことができます。

医療費の負担が高額になったときに利用できる制度

入院すると治療費や検査費用などがかかるため、思わぬ出費になります。医療保険では、そうしたときに**高額療養費制度**を利用することができます。

これは、**1か月（同じ月）に支払った医療費の合計が一定の限度額を超えた分が払い戻される制度**です。病院だけでなく薬局で支払う医療費も含め、生計を同じくする親族の医療費を合算できます。ただし、**医療保険が適用とならない食事代、差額ベッド代などは含めることができません**。限度額は年齢や所得によって異なります。

あらかじめ毎月の医療費が高額になることがわかっている場合には、**限度額適用認定証**を交付してもらい、それを病院や薬局の窓口で提示することによって、上限額を超える分を支払わなくてもよくなります。また、直近12か月間で高額療養費の払戻しを3回以上受けている場合は、4回目以降は限度額が低くなります。

限度額や申請方法などは**病院のソーシャルワーカー（P.76）に問い合わせ**ましょう。

介護費用と合算して利用できる制度

高齢になると、病院での支払いと同時に、介護保険の利用料を払っている人が多くなります。そのような場合は、両方の自己負担分を合計して申請すると、一定の限度額を超えた分が払い戻されます。**毎年8月から1年間にかかった医療保険と介護保険の自己負担を合計して基準額を超えた場合に、その超過分が給付**されます。生計を同じくする親族の自己負担分も合計できますが、医療保険の種類が同じでなければなりません。

Check!

特定の病気に対しての助成制度

- □ 難病医療費助成制度（338種類の指定難病）
- □ 公害健康被害者に対する医療費助成制度（慢性気管支炎、肺気腫など）
- □ B型・C型ウイルス肝炎治療医療費助成制度
- □ 自立支援医療制度（統合失調症、うつ病などの精神疾患で通院している人）

※自治体によって申請方法、給付内容、給付対象となる条件などは違いますので、該当するのではないかという場合は、病院の医療ソーシャルワーカーやお住まいの市区町村の相談窓口に問い合わせてみるといいでしょう。

※指定難病のうち、患者数が多いものに、潰瘍性大腸炎、クローン病、全身性エリテマトーデス、パーキンソン病、多発性硬化症などがあります。

高額療養費制度の仕組み（3割自己負担の場合）

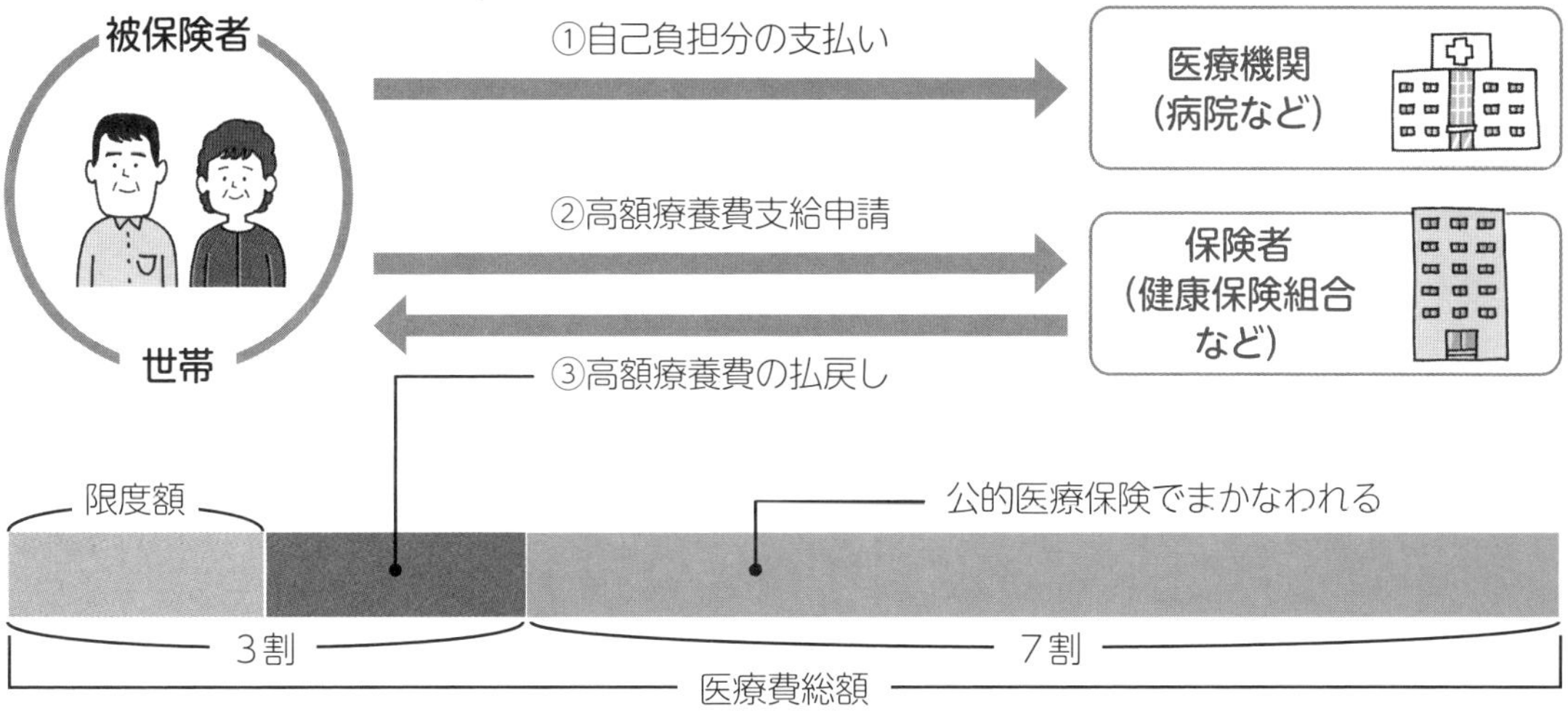

申請書は、加入している健康保険のサイトからダウンロードするか郵送してもらいます。

入院など費用がかさむ治療を受けるとき、調整できるなら同じ月内にまとめると、限度額を超えて払戻しが受けられますね。

年度末には医療費控除の申告を忘れずに

医療費控除とは

1月1日から12月31日までの1年間に支払った医療費（下記参照）の合計が10万円を超えた場合に受けられる所得控除です。生計を同じくする親族分を合算することができます。確定申告の際に医療費控除の欄に合計額を記入します。給与をもらっている人や年金収入だけの人は、還付申告をすることで源泉徴収された税金の一部が戻ります。

医療費として認められるもの

- 病院、歯科医院の治療費の自己負担分、自由診療の治療費（歯科矯正も含む）
- 医師の処方箋にもとづいて調剤薬局で処方してもらった薬代
- 通院にかかった交通費（公共交通機関を使用した場合の金額。自家用車のガソリン代は対象とならない。タクシー代は足のケガなど公共交通機関を使って通うことができない場合のみ対象となる）
- 入院したときの食事代、差額ベッド代など医療保険の対象とならなかった費用（ティッシュなどの身のまわりの品の購入費は対象とならない）
- 鍼灸、整骨、あん摩マッサージなどの費用
- 治療に必要な医療器具（松葉づえなど）の購入費

費用面への備え

民間の医療保険で備える

公的な医療保険の対象とならない費用などは、民間の医療保険でカバーできるようにしておきましょう。

通院や入院に備える民間の医療保険

会社の健康保険や国民健康保険などの公的な医療保険（社会保障）は、治療費に適用されますが、**食事代、差額ベッド代などはすべて自己負担**です（P．70）。**先進医療などの自由診療は、高額になることが多い**ものです。それに備えるものとして民間の医療保険があります。

民間の医療保険は、病気やケガで入院した場合に、契約した内容に基づいて給付金を受け取ります。入院1日当たり何千円という日額タイプと、1回当たりいくらという一時金タイプがあります。給付金が多いほど支払う保険料は高くなります。以前は「入院5日以上の場合」などの条件が付いているものが多かったのですが、最近は、内視鏡手術など医療技術の進歩により入院日数が短くなる傾向があるので、日帰りの入院から保障されるものが多くなってきました。

また、**保障期間（保険期間）が一生涯続く終身保険**と、**一定期間で終了する定期保険**があります。終身保険は保険料がずっと変わりませんが、定期保険は、一定期間で契約が終了し、同じ内容で継続する場合でも年齢が高くなるため保険料が上がります。

さまざまな不安に備える特約

主契約の保障内容が物足りないときは、**特約**で充実させることができます。特約は、医療に関する社会的なニーズに応じて保険会社が工夫して保障内容を決めて、先進医療や手術の際に一定の金額が、入院・通院日額に追加して支払われるものです。特約で給付される金額に応じて保険料も追加されますので、自分が必要と感じる特約を支払いに無理のない範囲で選ぶといいでしょう。

Check!

がん保険は必要か？

がん保険は、がんと診断されたとき（一時金）、そしてその治療を受けたときに給付されるものです（治療給付金、入院給付金、手術給付金など）。

生涯のうちにがんと診断される確率は２人に１人といわれる時代、高額療養費制度が適用されない先進医療などに対応するため、がん保険は一考の価値があります。

一方、がん保険は、がん以外の病気に対して保障はありません。家系的に不安があればがん保険を、そうでなければほかの病気にも対応する医療保険を検討してもいいのではないでしょうか。

元気なときは気にならなくても、病気になると先進医療を受けたくなることも多いものです。本文でも触れた特約で不安をカバーできるものがないか、加入している保険会社に問い合わせてみるのも一つの手です。

医療保険の種類と特徴

掛け捨てと貯蓄型

掛け捨て： 保険給付が必要なこと（入院、がんの診断を受けたなど）が起こらなければ、支払った保険料が戻ってくることはない。保険料は割安。

貯 蓄 型： 保険給付が必要なことが起こらなかった場合は、支払った保険料の一部が一時金や解約返戻金などとして戻ってくる。積み立て分が含まれるため保険料は割高。

掛け捨ては、手軽な料金で保障を確保して、その分、預貯金などで備える。
別に管理するのが苦手な人は、貯蓄型で保障と一緒にお金も貯める。

終身型と定期型

終身型： 加入したときの保険料のままで生涯保障が続く契約。年齢とともに必要な保障が変わるときはオプション契約で対応。

定期型： 一定の期間に限って保障する契約で、更新する場合に保険料が上がる。その年代のニーズに応じた契約を選ぶことができる。ただし、満期後の加入年齢によって保険料が上がることも。

終身型なら保険料が抑えられるが、ライフステージの変化に合った保障になっているか、見直しが必要。
定期型は、更新でそのときの自分にふさわしい保障を選べる。

ネット契約と対面契約

ネット契約：
ウェブサイト上の説明を読んで、自分のペースで検討。申し込んで審査に通れば契約できるので手軽で、保険料も安く設定されている。ただし、手続きはすべて自分でやらなければならず、契約するうえでミスがあっても気づきにくく、望んだ契約になっていないなどの不都合が起こるリスクもある。

対面契約：
対面で一人ひとりの要望を聞き取り、それに合わせたプランをつくり、契約者に説明・提案し、合意ができたら契約する。わからないことを聞くこともできるので、安心感はあるが、時間と手間がかかる分、保険料も高めに設定されている。

ネットでも保障内容などの情報がしっかり把握できるならネット契約でお得に。加入しても、必要な保障がなければ意味がない。不安があれば対面契約で確実に。

こうするといい！

保障はどのくらいあればいいのか

いざというときに給付される金額は多いほうが安心できるのは当然ですが、給付額が多いと毎月支払う保険料も高くなります。たとえ貯蓄型の保険でも、支払った保険料の額がすべて戻ってくるわけではないので、給付が発生しなければ保険料は払うだけということになります。必要な保障と支払う保険料のバランスが大事です。

また、72〜73ページで説明したように、医療費が高額になった場合の助成制度もありますので、公的な保障が受けられない食事代や差額ベッド代、その他雑費の分が保障される程度の金額をベースに考えればいいでしょう。そのうえで、個室に入りたい、付き添いのヘルパーを雇いたいなど、追加したい内容の費用を上乗せして払える範囲を検討しましょう。

困りごとの相談先

医療ソーシャルワーカーを頼る

入院生活の中で起こる経済的な問題や精神的な問題については、医療ソーシャルワーカー（MSW）が相談の窓口です。

保健医療分野の社会福祉の専門家

医療ソーシャルワーカーは、患者が治療や療養に専念できるように、専門的な知識をもって患者の経済的・精神的な問題に寄り添い、解決するために病院に配置されています。

その役割として、厚生労働省の業務指針では次の6つがあげられています。

①療養中の心理的・社会的問題の解決、調整援助
②退院援助
③社会復帰援助
④受診・受療援助
⑤経済的問題の解決・調整援助
⑥地域活動

特別な資格は必要ありませんが、多くの病院では、国家資格である社会福祉士または精神保健福祉士が担当しています。

遠慮せず相談を

入院が決まると、どんな手続きをしなければならないのか、費用はどのくらいかかるのか、いつまで入院するのか、いろいろな疑問でいっぱいになります。そんなときに相談できる窓口が医療ソーシャルワーカーです。

患者一人ひとりの状態を確認したうえで、病院の関係部署と連携して患者の不安に寄り添い、問題解決するための支援をします。治療のことや転院先を探したり退院後の生活のことなどについての支援もしてくれますし、治療費そのほかの費用に関して使える助成制度についての福祉の情報も提供してくれます。介護保険の利用に関してケアマネジャーと連携し、患者の状態に合わせて、入所する施設や転院するリハビリテーションの病院を紹介することもその役割です。遠慮せずに相談するといいでしょう。

Check!

退院前に介護の備え

急性期治療を行う病院では病状が落ちつくと退院することになります。退院後に介護が必要になった場合にはいろいろと準備が必要です。

- □ 病院にいるうちに、要介護認定をしてもらう
- □ 自宅で暮らせるように住環境の整備（手すりの設置や段差の解消など）を行う
- □ 車いすやベッドなどの福祉用具のレンタルを契約する
- □ 自宅に戻らずに、一時的に入所する施設を探す
- □ リハビリテーションの病院を探す

医療ソーシャルワーカー（MSW）の役割・連携

本　人
面談して治療や病院での生活についての不安、経済的な問題などを聞き取り、患者の心身の状態を把握する。

家　族
面談して治療内容への理解を深め、本人の入院生活を支えられるようにする。看病をする立場への理解と支援をする。

行政機関
患者の入院生活や退院後の生活に役立つ行政サービスに関する情報を取り入れ、患者や家族に提供し、必要な手続きの支援をする。

医　師
治療内容、今後の治療の方針などを確認して、本人に伝える。本人の要望を伝えて調整する。

地　域
退院後の自宅生活をよりよくするための地域のボランティアなどの情報を取り入れ、患者や家族に提供する。

看護師
患者の状態に関する情報を受け取り、本人の不安や感じている問題を解決するための方法を一緒に考え、対応する。

施　設
退院後に自宅に戻ることが難しい場合に、患者の希望にそった施設を紹介し、手続きを支援する。

ケアマネジャー
退院後の在宅生活に関する本人の要望をもとに、介護保険の在宅のサービスの利用がスムーズに進められるように協力していく。

こうするといい！　医療ソーシャルワーカーへの相談内容とその対応例

●主治医から受けた説明の内容がよくわからなかったので、教えてもらいたい。	➡医師、看護師に確認して説明してもらう。
●入院して治療するように言われたが、治療費が支払えるかどうか心配だ。	➡治療費の軽減制度について説明してもらい、役所に手続きをしてもらう。
●退院してから介護保険サービスを受けたい。	➡自宅を管轄する地域包括センターに連絡してケアマネジャーを紹介してもらう。
●一人暮らしなので、退院後の自宅の生活に不安がある。	➡地域のさまざまな福祉サービスについて説明してもらい、利用の手続きをしてもらう。
●障害が残り、退院後すぐに元の生活に戻ることができない。	➡リハビリテーションの病院や施設を探してもらう。

5 葬儀・お墓を考える

この章でわかること

- 葬儀の種類と費用
- 葬儀社の選び方
- 改葬と墓じまい

お葬式が果たす役割には大きく3つあります。故人を葬るという物理的な役割のほか、儀式を重ね、時間をかけることによって、残された人の心のケアを行うという儀礼的・精神的ケアの役割、そして、役所等への届け出、諸手続きの社会的役割です。子などサポートする人がいない場合は特に、孤独死の心配や葬儀をしてほしいが費用はどのくらいかかり、誰に託せばいいのかなど、考えておきたいことがたくさんあります。

古来より故人を悼み送る気持ちは普遍的で変わっていません。しかし近年では、葬儀よりも「長い老後生活」にお金を使うことに焦点を当てる人もいて、その結果、費用負担を抑えた略式葬を選択する人が増える傾向にあります。さらに、コロナ禍の影響も大きく、全国的に家族葬が一般的になりつつあり、通夜を省いた一日葬や儀式を行わずに直葬《ちょくそう》（火葬式、荼毘《だび》葬）を検討する相談者が増加しています。

また、お墓では少子化の影響を受け、墓じまいに関するご相談が特に多く見受けられます。一般的にお墓は承継が大前提のため、子がいない場合、跡継ぎがいなくなり、永代供養墓や樹木葬、海洋散骨といった自然葬を選ばざるを得なくなります。お寺や親族との感情のもつれからトラブルに発展する事例もあります。しっかりと話し合いの場を持つことが何より大切です。

葬儀の種類と費用

自分に合う葬儀の選び方

家族葬や一日葬も増えてきて、葬儀は多様化しています。自分はどんな葬儀をしてほしいのか、よく考えておきましょう。

葬儀にはさまざまな種類がある

親族、友人、職場の関係者など、故人にゆかりのあるたくさんの人たちに集まってもらい、2日間にわたって、通夜と葬儀・告別式を行う葬儀を**一般葬**といいます。

近年増えている**家族葬**は、形式としては一般葬とほぼ同じで、参列者を少人数に絞ったものです。家族だけや、家族とごく近い親族で行うほか、特に親しい友人に声をかけて参列してもらうこともできます。

子がいない場合、自分の生活でお金を使いきることを考えて葬儀はシンプルにしたいと考えるのも一案です。**一日葬**は、通夜を行わず、葬儀・告別式のみを1日で行うものです。さらに簡素な**直葬**は、通夜も葬儀・告別式も行わず、納棺後に火葬場で故人を見送るもので、納棺の際に短い儀式を行うものを火葬式と呼ぶこともあります。

葬儀にかかる費用は、**葬儀の形式、祭壇や棺、霊柩車のランク**などによって変わります。このほか、**通夜振る舞いや精進落としの料理、返礼品**などの費用もかかります。仏式の場合は、お経をあげてもらった僧侶に**お布施**を包まなければなりません。

希望と予算に合った葬儀を選ぶ

どのような葬儀にしたいか決めたら、**希望に合いそうな葬儀社を選び、生前に見積もりをとりましょう。**

こんな葬儀にしてほしいという希望を漠然と伝えるだけでなく、目当ての葬儀社やおおよその予算までわかっていれば、後を託された人の負担はかなり軽くなるはずです。**後を託す人とはきちんと話し合い、死後事務委任契約（P.26）を結んでおきましょう。**

Check!

葬儀社を選ぶときのチェックポイント

- □ 参列者として訪れたときの印象がよかった
- □ 地域での評判がいい
- □ 希望する規模や形式に適した葬儀を考えてくれる
- □ 問い合わせや見積もりの依頼に、快く対応してくれる
- □ 見積もりがわかりやすく、予算に合うプランを提案してくれる
- □ 生前予約ができる（必要な場合）
- □ （会員登録が必要な場合）脱会する場合の条件も説明してくれる

葬儀の種類と葬儀にかかる費用

種類	特徴	平均的な費用
一般葬	●通夜と葬儀・告別式を２日間にわたって行う。 ●故人にかかわりのある多くの方を招く。 ●参列者が多いほど、大きな会場が必要になる。 ●参列者が持参する香典を葬儀費用に充当できる。 ●参列者への返礼品と、後日に送る香典返しが必要。	**170万～200万円** 葬儀一式の費用、返礼品、飲食代、お布施などを含む
家族葬	●通夜と葬儀・告別式を２日間にわたって行う。 ●参列者は、家族のみとする場合、家族と親族で行う場合、ごく親しい友人まで招く場合などがある。 ●会場や祭壇は小さくてすむ。 ●自宅にお参りに来られる方への対応が必要になる。	**90万～120万円** 葬儀一式の費用、飲食代、お布施などを含む
一日葬	●通夜を行わず、葬儀・告別式のみ行う。 ●葬儀費用、飲食代などが節約できる。 ●その日に都合がつかない方は参列できない。 ●菩提寺がある場合は認められないことがある。	**50万～90万円** 葬儀一式の費用、返礼品、飲食代・お布施などを含む
直葬（火葬式）	●通夜も葬儀・告別式も行わず、火葬場で近親者のみで見送る。 ●納棺または火葬時に読経してもらうなど、簡単な儀式を行う場合もある。	**20万～40万円** 葬儀一式の費用、お布施などを含む

葬儀代の支払い方

喪主になる人に支払ってもらう

喪主になる人に葬儀の費用を託し、その予算の範囲で葬儀を行うよう頼んでおく。

互助会に加入しておく

互助会の積立金では、葬儀費用すべてを賄えないことが多いことに注意する。

死亡保険金から支払ってもらう

死亡保険金の給付には、請求してから１週間程度かかり、葬儀代の支払いに間に合わないことが多い。その間は決めておいた誰かに立て替えてもらうか、現金の用意が必要。

遺産から支払ってもらう

遺産相続が開始されるのは葬儀が終わってからなので、葬儀代の支払いには間に合わない。その間は決めておいた誰かに立て替えてもらうか、現金の用意が必要。

死後事務委任契約を結んでおく

葬儀や埋葬の手続き、死亡に伴うそのほかの諸手続き、遺品整理などを依頼できる。葬儀代などの実費のほか、契約書作成などの費用、受任者に支払う報酬が必要。

葬儀保険に加入しておく

葬儀用の少額短期保険は、一般に生命保険よりも保険料が安く、高齢者でも加入しやすいものもある。保険料は掛け捨てで、1年ごとに更新が必要。

埋葬の種類

お墓について考える

自分が死んだら、どのように埋葬してほしいのか。よく考えて、後に残される人にきちんと伝えておきましょう。

お墓の種類とその他の埋葬方法

葬儀が終わったら、お墓に遺骨を納めることになります。墓地に**先祖代々の墓**がある場合は、誰かがその墓の承継者になっていますから、その墓に入りたい場合は、承継者の了解を得ることが必要です。自分自身が承継者の場合は、次に誰に承継者になってもらうか、決めておかなければなりません。子がいない場合、承継者もいないということになりがちです。

永代供養墓は、承継者を必要としない墓です。遺骨を骨壺に入れたまま一定期間安置し、その後は、骨壺から出してほかの遺骨とともに合祀するものが一般的です。

納骨堂は、従来は、お墓を建てるまでの間、一時的に遺骨を収蔵する場所でしたが、最近は、お墓を建てずに長期間にわたって遺骨を収蔵してもらえる施設が増えています。

遺骨を埋葬せずに自宅に置いて供養する、**手元供養**という方法もあります。遺骨の一部のみを手元供養することもできます。樹木を墓標に見立てた**樹木葬**や、**海洋散骨**などの新しい供養の仕方を選ぶ人も増えています。

改葬・墓じまいを考える

自分がお墓の承継者で、次の承継者になるべき人がいないときは、墓じまいを検討する必要があります。**墓じまいとは、今あるお墓から遺骨を取り出し、墓石を撤去して、墓地を管理者に返すこと**をいいます。取り出した遺骨は、永代供養墓に埋葬するなど、承継者を必要としない方法で供養します。

先祖代々の墓が遠く、墓参りに不便だという理由で改葬を行うこともあります。その場合も、新しいお墓を建てるとともに、元のお墓の墓じまいをしなければなりません。

こうするといい！

配偶者と同じ墓に入りたくないときは

さまざまな理由から、配偶者と同じ墓に入りたくないと考える人もいます。本当にそうしたいのならば、その代わりにどんな埋葬方法を望むのかを具体的に考えて、残される人に伝えておかなければなりません。

実家の墓に入るには、墓の承継者に了解を得る必要があります。霊園の規約により、結婚して姓が変わった人の埋葬は許可されない場合もあるので確認しましょう。永代供養墓に入る、樹木葬にしてもらう、散骨してもらうなどの方法もあります。

どのような埋葬方法を望むにしても、生前に身内の人とよく話し合い、自分の意思を伝えて理解してもらうことが重要です。希望どおりの埋葬を確実に実行してほしいときは、死後事務委任契約(P.26)を結んでおく方法もあります。

埋葬方法と埋葬にかかる費用

先祖代々の墓に埋葬する	お供え物、埋葬費用、僧侶へのお布施、お車代、御膳料、石材店への謝礼、墓石に彫る戒名の刻印代、会食を行うなら会食費、参列者への引き出物などの費用がかかる	四十九日法要と納骨法要をあわせて行う場合、10万〜20万円超ほど
永代供養墓に埋葬する	**合祀墓（合葬墓）：**遺骨を骨壺から取り出し、ほかの遺骨とともに埋葬するもの	3万〜30万円
	集合墓：遺骨を骨壺に入れたままほかの遺骨とともに一定期間安置し、その後は骨壺から出してほかの遺骨と合祀するもの	10万〜80万円
	個人墓：遺骨を骨壺に入れたまま、一人用の墓に一定期間安置し、その後は骨壺から出してほかの遺骨と合祀するもの	10万〜80万円
	夫婦墓：夫婦だけが入る墓で、そのほかは個人墓と同様	20万〜150万円
樹木葬を行う	樹木を墓標とし、その周囲に遺骨を埋葬するもの。多くは承継者を必要としない永代供養墓で、合祀墓・集合墓・個人墓のそれぞれのタイプがある	20万〜80万円
納骨堂に収蔵する	遺骨を骨壺に入れたまま一定期間個別に安置し、その後は骨壺から出してほかの遺骨と合祀する。棚式、ロッカー式、仏壇式、屋内に墓石を設置するお墓式、お参りの際にコンピュータ制御で遺骨が自動的に祭壇に運ばれてくる機械式など、さまざまなタイプがある	30万〜100万円
手元供養を行う	遺骨を骨壺に入れたまま供養する、遺骨の一部を小型の骨壺に入れて供養する、遺骨の一部をアクセサリーとして身に付けるなど、さまざまな方法があり、費用もその方法による	
散骨を行う	海洋散骨を、遺族が参加せずに代行してもらう場合	5.5万円〜
	ほかの依頼者とともに船に同乗する場合	10万円〜
	貸し切りで行う場合	20万円〜

墓じまいの費用

承継者がいない、改葬のためなどの理由で墓じまいを行うケースも増えています。親族ともめないよう、十分に話し合いましょう。一般的な費用の例は次のとおりです。

●遺骨を取り出す作業	3万〜5万円
●閉眼法要のお布施	3万〜5万円
●墓石の撤去費用　$1m^2$当たり	7万〜10万円
●寺院墓地の墓を撤去し檀家を抜ける場合の離檀料（お寺による）	3万〜20万円

死亡後の手続き

配偶者が亡くなったら

大切な人を失った悲しみの中で、残された人には、しなければならないことがたくさんあります。

悲しみとともに訪れる忙しさ

夫や妻など配偶者と二人だけで暮らしている人は、いつか、どちらかが先に亡くなったときのことを考えずにはいられないでしょう。何年先になるかはわかりませんが、そのときは確実に訪れます。

配偶者が病気で苦しんでいるなら、そのときを迎える覚悟はできているかもしれません。介護をしていた人にとっては、長かった介護の負担と介護疲れのストレスから解放される瞬間でもあります。しかし、ある程度覚悟はしていたとしても、**大切な人を亡くしたときの喪失感はとても大きいもの**です。突然の死であればなおさらです。大きな病院には、家族をがんで亡くした人を支えるための家族ケア外来を設置しているところもあるほどです。

けれども、残された人はしばらくの間、**悲しみに暮れている暇もないほど、忙しい日々を過ごす**ことになります。誰かが亡くなると、やらなければならないことが次から次へと出てくるからです。故人の一番近くにいた人が、それをしなければなりません。

自分自身の終活のヒントにも

身近にいる大切な人が亡くなった後に必要になる手続きなどを、次ページのリストにまとめてあります。リストに並んだ項目の多さに驚かれるかもしれません。途方に暮れてしまいそうですが、一つひとつ片付けていけばなんとかなるものです。その忙しさが、悲しみを紛らせてくれることもあります。

大切な人の死とともに訪れるこのような経験は、自分自身の終活のための予備知識にもなるでしょう。

亡くなった人は、このような手続きを自分で行うことはもちろんできませんが、その日に備えて心構えをしておくことはできます。

こうするといいい! 家族を亡くした人への心のケア

長い間すぐそばにいた人が、もうこの世にいない。その事実を受け入れるには、長い時間がかかります。こうしてあげればよかった、あんなことを言わなければよかったという後悔にさいなまれることもあります。そんなときは、自分の気持ちを誰かに聞いてもらうだけでも、だいぶ心が安まることがあります。身近にそういう境遇の人がいたら、話を聞いてあげることが大事です。

何もする気がしないほど気分が塞いだ状態が長く続くときは、精神科や心療内科の医師、臨床心理士、心理カウンセラーなどのメンタルヘルスの専門家に相談することをおすすめします。

家族が死亡したときに必要な手続き

死亡直後～7日以内（またはなるべく早く）

- 遺体の安置先を決める※1
- 医師から死亡診断書（死体検案書）をもらう
- 親族への連絡
- 葬儀に参列してもらう人の人数を概算
- 葬儀社を選び、葬儀の日時や内容を決める
- 菩提寺がある場合は連絡
- 葬儀に参列してほしい人に連絡
- 死亡保険金の請求
- 死亡届・火葬許可証・埋葬許可証の手続き※2
- 遺言書の有無を確認
- 葬儀費用の準備と支払い

- 公共料金などの引き落としの停止、または引き落とし口座の変更
- 賃貸契約の名義変更または解約（賃貸住宅の場合）
- 運転免許証・パスポートの返納

※1 病院から自宅または葬儀場に搬送することが多い。自宅で亡くなったときは、葬儀場が決まるまでそのまま安置する。 ※2 葬儀社に依頼することが多い。

生前にしておきたいこと

- 葬儀に関する希望と、葬儀に参列してほしい人をエンディングノートに書いておく。
- 被保険者になっている生命保険の保険会社の連絡先をエンディングノートに書いておく。
- 生命保険金の受取人を変更しておく（遺言書でもできる）。
- 金融機関の口座・クレジットカードから引き落とされるものをリスト化しておく。

14日以内（またはなるべく早く）

- 介護保険・国民健康保険・後期高齢者医療制度の保険証の返却（市区町村）※3
- 葬儀費・埋葬費の請求（市区町村）※4
- 世帯主の変更（市区町村）
- 国民年金の受給停止（厚生年金は10日以内）と未支給年金の請求（年金事務所）
- 遺族厚生年金の請求（年金事務所）
- 国民年金の死亡一時金・寡婦年金・遺族基礎年金の請求（市区町村）※5

※3 国保以外の健康保険証の返却期限は5日以内だが、手続きは事業者が行う。 ※4 国保に加入していた場合（そのほかの健康保険に加入していた場合、申請すると支給される）。 ※5 死亡一時金・寡婦年金は年金事務所でも手続き可。遺族基礎年金は、死亡日が国民年金第3号被保険者期間中の場合は年金事務所へ。

生前にしておきたいこと

- 保険証・年金手帳・預金通帳などを安全な場所に保管し、保管場所を誰かに伝えておくか、エンディングノートに書いておく。

およそ3か月以内

- 四十九日の法要（仏教徒の場合）※6
- 故人の財産と負債、相続人の確認
- 故人と相続人の戸籍謄本を揃える ※7
- 遺言書の検認（必要な場合）
- 遺産分割協議※8
- 遺産の名義変更
- 形見分け・遺品整理

※6 お墓があるときは納骨の法要を同時に行うことが多い。 ※7 相続関係の手続きには、故人の出生から死亡までのすべての戸籍謄本と、相続人全員の戸籍謄本が必要。行政書士事務所などに取得代行してもらうこともできる。 ※8 相続放棄・限定承認の期限は3か月以内。

生前にしておきたいこと

- 埋葬方法に関する希望を、エンディングノートに書いておく。
- 遺産相続に備えてプラス・マイナスの財産を整理し、遺言で意思を伝える。

その後

- 遺産分割協議書の作成～預貯金の解約・不動産の相続登記など
  ➡遺産分割協議で合意した後
- 準確定申告（故人の確定申告・必要な場合）➡4か月以内
- 相続税の申告（必要な場合）➡10か月以内
- 遺留分の請求➡遺留分の侵害を知ってから1年以内
- 年賀欠礼状（喪中はがき）を送る

6

財産について考える

この章でわかること

- 資産を把握することの大切さ
- 遺産の行き先の考え方
- 遺恨を残さない遺言書の書き方

あなたにとって「よりよく生きる」とは、どう生きることですか？　10人いれば10通りの生き方があります。経済的な側面や健康状況、そして自分をサポートしてくれる人々の状況を考慮し、自分が納得できる道を探り出し、その道を歩んでいくしかないのだと私は思います。

生きている間も死んでからも、お金の問題がつきまといます。子がいなければ、ほかに頼ることも増え、なおさらです。老後に必要な資金、ご自身が亡くなった後にかかるお金を把握することは、将来の安定した生活を築き死後の憂いを除くための重要なステップなのです。

また、お金が余ったときの財産の行方も考えておきたいものです。子がなく、遺言書が存在しないまま亡くなった場合、生前、縁のなかった親せきや国庫に財産が移る可能性があります。財産の仕舞い方を考え、対策や準備をしておくと安心です。この章では、それらについて考えていきます。

こうして資金管理ができれば、自分のお金を生涯通じて使いきる、すなわち財産を賢く活用することができます。例えば、毎月国内旅行に行く、新しい趣味に挑戦する、生涯学習やボランティアを通じて社会に役立つなどで、自分の存在意義を感じることができるかもしれません。これについてはぜひ、「将来やりたいことリスト」をつくってみることをおすすめします。

財産の整理

自分の財産をまとめて整理

財産には、プラスの財産だけでなく、マイナスの財産もあります。相続の際は、その両方が遺産分割の対象になります。

プラスの財産・マイナスの財産

自分がいなくなった後に、**残された人にできるだけ多くの財産を残したい**。財産を残すのは無理でも、**お金のことで迷惑はかけたくない**。自分が働いて貯めたお金は、なるべく**生きているうちに自分のために使いたい**。お金や財産に関する考えは人それぞれですが、どの場合にも必要なのは、**自分の財産を正確に把握する**ことです。

財産に含まれるものは、現金・預貯金・有価証券・不動産などです。宝石・貴金属・美術品・骨董品・自動車なども立派な財産ですから、相続の際は遺産分割の対象になります。衣服や家具など、財産的価値がそれほど高くないものは、通常は遺産分割の対象とされず、形見分けするか処分されることになります（P.18）。

財産には、**借入金などのマイナスの財産**もあります。**住宅ローンや自動車ローンのほか、クレジットカードの未払い金もマイナスの財産**です。亡くなった人が誰かの連帯保証人になっていた場合、その債務も相続の対象になります。すでに発生している連帯保証債務や、損害賠償債務も相続されます。

相続人は相続放棄もできる

相続の際は、**プラスの財産も、マイナスの財産もすべて相続財産**とみなされます。したがって、マイナスの財産のほうが多い場合、相続した人は損をしてしまいます。このような場合、相続人は相続を放棄することができますが、プラスの財産もすべて放棄することになります。相続放棄をするべきかどうか、相続人が適切に判断するためにも、**プラスの財産とマイナスの財産をわかりやすく整理**しておくことが重要です（P.10）。

こうするといい！

相続放棄と限定承認

プラスの財産よりマイナスの財産が多く、債務超過となることが明らかなときは、相続人は相続放棄したほうが賢明です。借金が全部でどれだけあるのかわからない場合、相続によって得たプラスの財産の範囲内においてのみマイナスの財産を弁済する、限定承認という方法もあります。債務超過になった分は支払わなくていいのです。

相続放棄や限定承認を行う場合は、相続が開始されたことを知ったとき（通常は被相続人が亡くなったとき）から３か月以内に、家庭裁判所に申し出なければなりません。また、相続放棄は一人でもできますが、限定承認は相続人全員が共同で行うことが必要です。

住宅ローンの返済中に死亡するとどうなる？

団信に加入している場合

住宅ローンの多くは、団体信用生命保険（団信）に加入することが融資の条件になっています。債務者である故人が、住宅ローンの契約時に団信に加入していれば、死亡時にローンの残りは完済扱いとなり、住宅は相続財産になります。この場合、住宅ローンの契約をしている金融機関に連絡し、保険金の請求手続きを行います。ローンの返済が滞っていた場合、団信の契約が失効していることがあるので注意しましょう。

これからローンを組む場合は、団信に加入しましょう。

団信に加入していない場合

団信への加入が任意とされている場合は、加入していないこともあります。この場合、ローンの残高はマイナスの相続財産となり、相続人が返済していかなければなりません。住宅以外に相続財産がなく、返済も困難な場合は、相続放棄（または限定承認）を検討することになるでしょう。

住宅ローンが残ったまま住宅を売却し、その代金をローンの返済に充てる、任意売却という方法もあります。任意売却には、債権者である金融機関の同意が必要です。

債務整理の３つの方法

任意整理

債権者と交渉して、借金の減額や返済期限の延長をしてもらう。減額した借金を３〜５年（36〜60回）の分割払いにしてもらうことが多い。裁判所は介在せず、弁護士や司法書士を通して交渉する。私的整理ともいう。

自己破産

債務者自身が裁判所に破産の申立てを行い、破産宣告を受ける。破産手続きに続いて免責手続きを行い、免責が認められると、すべての債務が免除される。自己破産すると、手元に残せる自由財産を除いてすべての財産を失うが、その後の収入は自由に使える。

個人再生

一定の金額を原則３年、最長５年で返済する計画案を裁判所に提出し、債務を圧縮する手続き。再生計画が認められ、計画どおりに返済した場合は、残りの借金は免除される。給与等の定期的な収入があることが条件。

思わぬトラブル

自己破産で失うものと、自己破産できない場合

自己破産すると、自由財産（99万円以下の現金と生活必需品など）を除く財産はすべて没収され、債権者に配当されます。持ち家の場合は住居も手放すことになります。

自己破産の手続き中は、一部の資格を要する職業や、そのほかの一定の職種に従事することができなくなります。その期間は、破産の申立てから免責許可を得るまでの間で、通常は数か月から１年程度です。

自己破産の手続き中に新たに借金をしてはならないことはもちろんですが、自己破産した人はブラックリストに載るので、その後も5〜10年間は、クレジットやローンの利用ができなくなります。

自己破産は誰でもできるわけではなく、破産法という法律で定められた免責不許可事由に該当する場合は、免責が認められません。財産を隠匿した場合や、破産することを前提に借金をした場合、特定の債権者のみに優先的に返済した場合などがこれに当たります。

相続の決まり

自分の財産の行き先は？

相続人になる人と遺産分割の割合は法律で定められていますが、**遺言を残す**ことで、それを変えることもできます。

配偶者は必ず相続人になる

誰かが亡くなったときに、**その人の遺産を相続する権利をもつ人**は、民法という法律で定められています。その人を**法定相続人**といいます。

故人が遺言を残していない場合は、法定相続人がすべての財産を相続することになります。法定相続人が何人かいる場合に遺産を分割する割合も、民法により定められています。その割合を、法定相続分といいます。

誰が法定相続人となるかには優先順位があるのですが、**被相続人（故人）に配偶者がいる場合、配偶者は必ず相続人**になります。

法定相続分は、誰が相続人になるのかによって変わります。その規定はかなり複雑なのですが、それをできるだけわかりやすくまとめたのが、次ページの図です。フローチャートをたどっていくと、あなたが死亡したときに法定相続人が誰になるのか、また、その場合の法定相続分がわかります。

遺言により相続人を決めることができる

しかし、どんな場合でも必ず法定相続分のとおりに遺産を分割しなければならないわけではありません。**遺言さえ残しておけば、法定相続分を超える相続も、それを下回る相続も可能**になります。遺言により、**法定相続人以外の人に財産を遺贈することもできます。**

ただし、兄弟姉妹以外の法定相続人には、**遺言の内容にかかわらず、一定割合の遺産を受け取る権利**があります。その割合を**遺留分**といいます。遺言は法定相続より強いけれど、遺留分よりは弱いと考えられます。思わぬ相続トラブルを避けるために、92〜93ページに具体例を挙げます。

Check!

まずはここから。相続の基礎知識

- □ 遺言書がない場合は、法定相続人がそれぞれの法定相続分を相続
- □ 相続人全員が合意すれば、法定相続分と異なる遺産分割もできる
- □ 遺言が遺留分を侵害している場合、相続人は遺留分を請求できる
- □ 遺言により、法定相続人以外の人に財産を遺贈することができる
- □ 相続税の申告・納税は10か月以内に行わなければならない
- □ 死亡保険金は受取人の固有財産で相続財産に含まれない（ただし、相続税がかかる場合も）

フローチャートで早わかり　私の財産の行き先

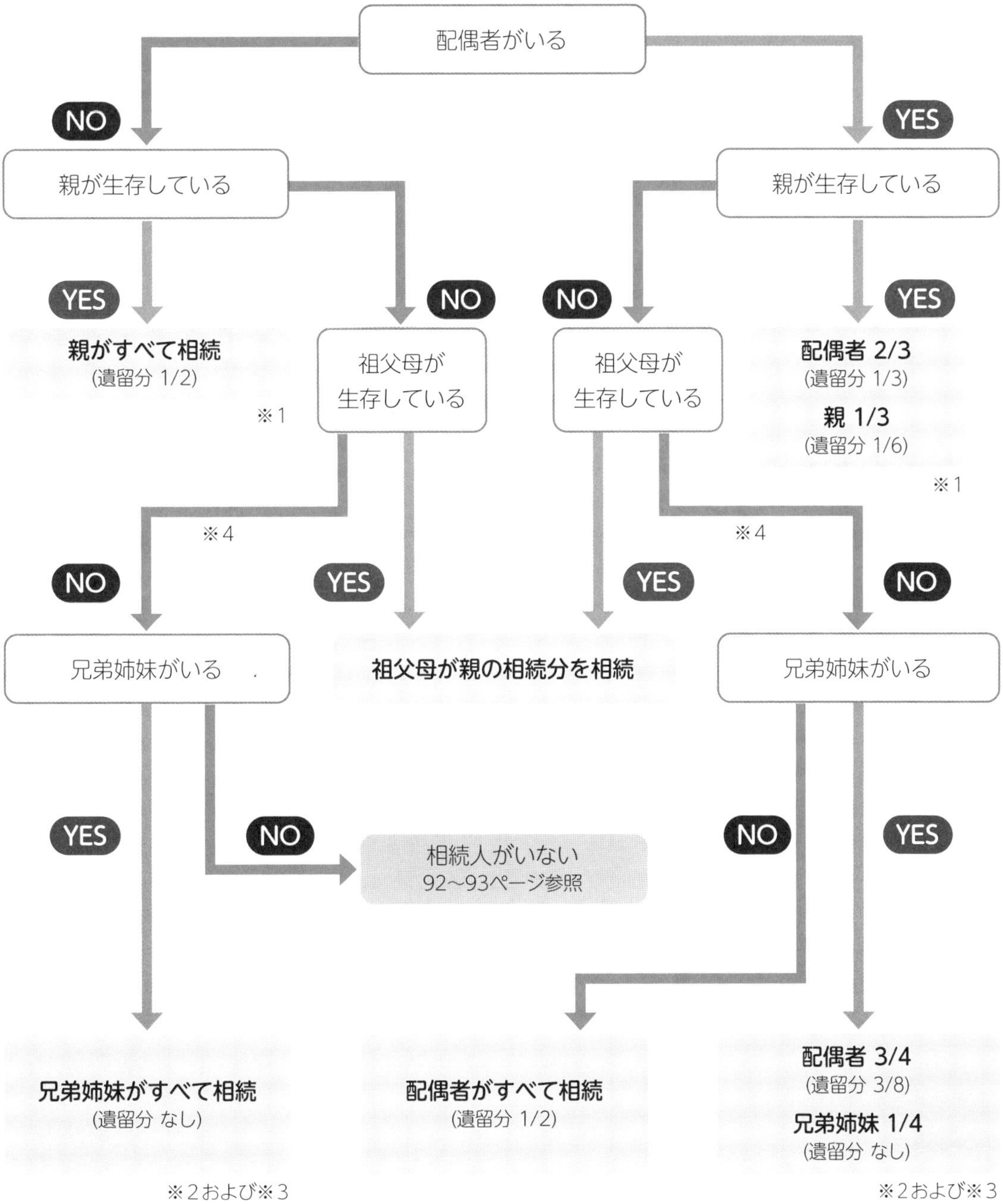

※1 両親とも生存しているときは両親が親の相続分を半分ずつ相続し、どちらかが死亡しているときは、生存している親が親の相続分をすべて相続する。

※2 兄弟姉妹が何人かいるときは、兄弟姉妹の相続分を人数に応じて等分する。

※3 兄弟姉妹が亡くなっているときは、その子(被相続人の甥または姪)が相続人となる。甥または姪が亡くなっていても、その子には相続権は受け継がれない。

※4 ごくまれなケースで、被相続人に子や子の代襲相続人がなく、親も祖父母も死亡しているが、祖父母の親、すなわち曽祖父母が生存している場合は、曽祖父母が相続人となり、親の相続分を相続する。このように、直系尊属に生存している人がいる限り、(被相続人に子や子の代襲相続人がいない場合は)そのうち最も親等の近い人が相続人になる。

遺言でできる財産の分け方

遺言を残したときと残さなかったときとでは、財産の相続にどれくらい違いが生じるでしょうか。具体例を示します。

法定相続人の優先順位

90～91ページで登場した、法定相続人と法定相続分、遺留分について、具体例をあげながら、解説していきます。

その前に、法定相続人の優先順位に関する決まりを、きちんと理解しておきましょう。

まず、**配偶者がいる場合、配偶者は必ず相続人になります。**

配偶者以外の相続人には優先順位があり、第1順位の人がいる場合は、その人が相続人になります。第2順位の人は、第1順位の人が誰もいない場合に相続人になります。第3順位の人は、第1順位の人も第2順位の人もいない場合に、初めて相続人になります。それぞれの順位に誰が当てはまるのかを、次ページの図に示してあります。

配偶者に財産を多く残したい

ここで、妻と一人の妹がいる男性の例を考えてみます。妹は未婚で自分を頼りにしていますが、自分が死亡したときには、妻にできるだけ多くの財産を残したいと考えているとします。

この場合、法定相続人は妻と妹の二人、法定相続分は、妻4分の3、妹4分の1です。遺言書がなければ妹が全財産の4分の1を受け取ることになるのです。

妻に全財産を残すには、遺言書に、「妻に全財産を相続させる」と書き残すことです。兄弟姉妹には遺留分がないので、遺言書どおり相続が行われます。

こうするといい! **たすき掛け遺言で配偶者を守る**

子がいない夫婦のどちらかが亡くなった場合、配偶者が相続人になることは決まっていますが、法定相続分に従うと、故人の親が健在なときは親と、親も祖父母も死亡している場合は、故人の兄弟姉妹と遺産を分け合うことになります。兄弟姉妹といっても、大人になれば独立して生計を立てていたり疎遠になっていることもあり得ます。

お互いに配偶者に全財産を相続させたい場合は「たすき掛け遺言」を残しておきましょう。故人の兄弟姉妹には遺留分がありませんから、夫婦のどちらかが亡くなった場合、遺言があれば遺産はすべて配偶者のものになります（親や祖父母には遺留分があります）。

法定相続人になる人、ならない人

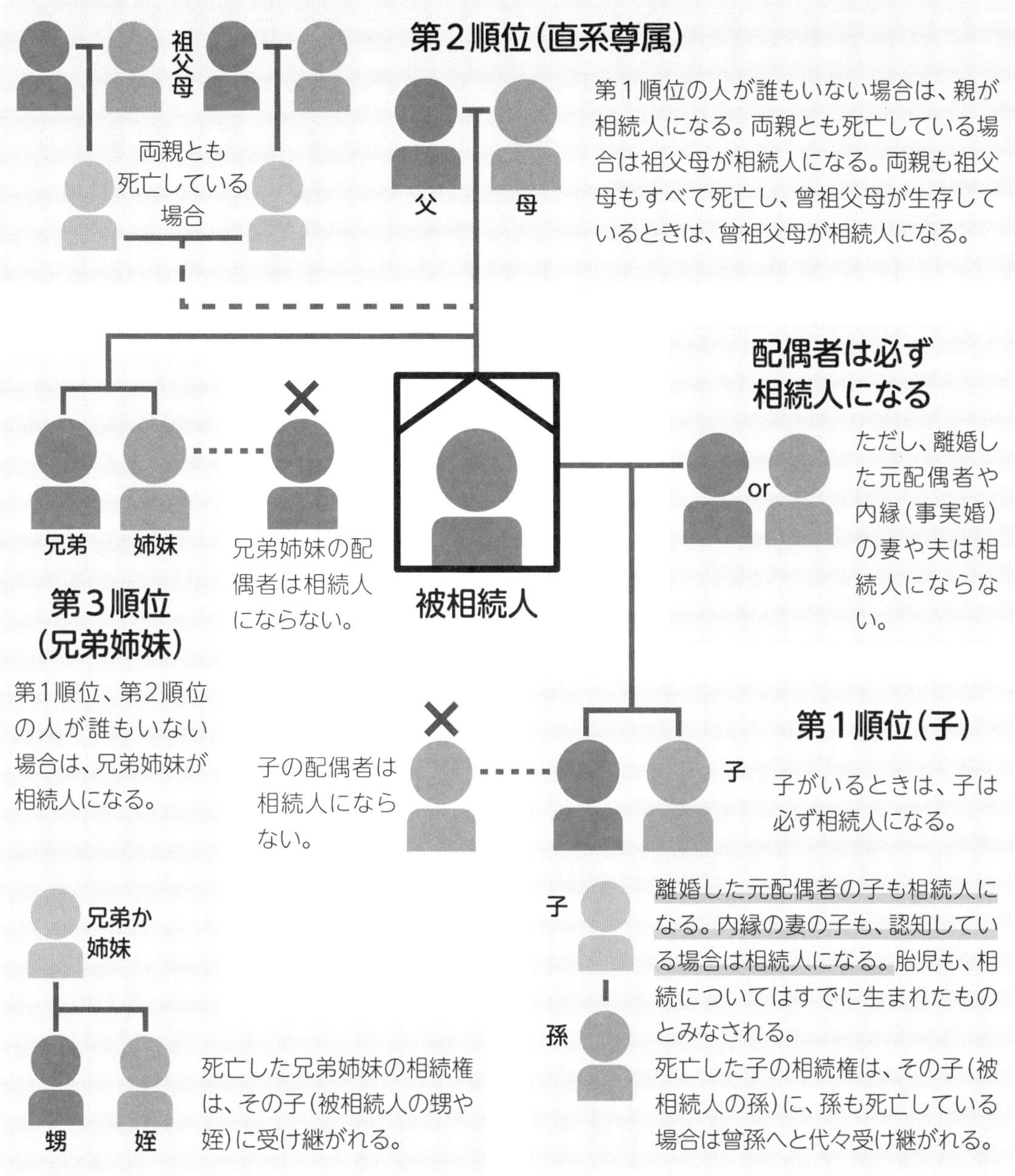

遺言書に基づく相続の流れ

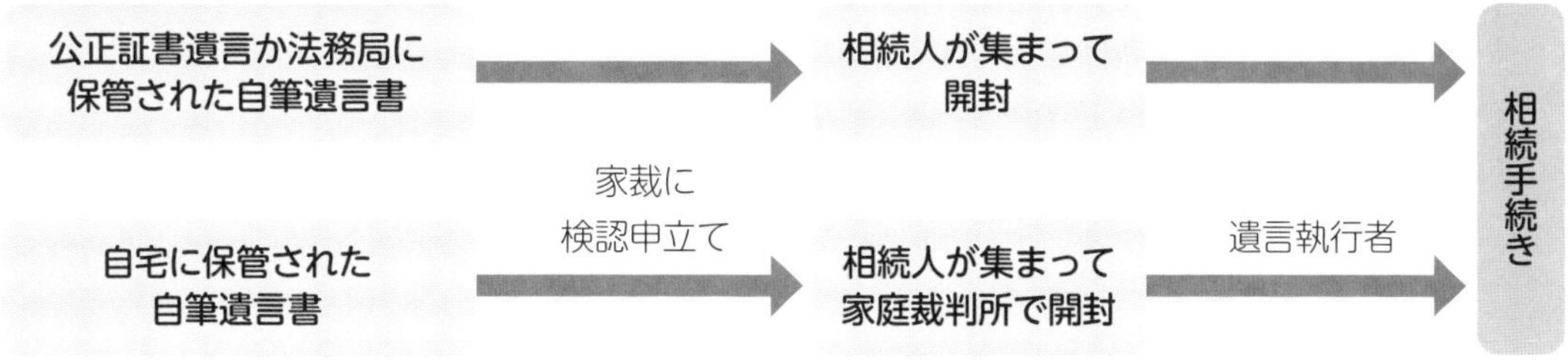

相続の決まり

相続人がいないとき

法定相続人がいないときに、自分の財産を残す相手を決めておくには、遺贈、死因贈与などの方法があります。

財産を残したい人がいる場合

法定相続人が誰もいない場合、故人の財産は、**最終的には国のものになります。**実際に、毎年数百億円もの財産が、相続人がいないなどの理由で国に引き取られています。**財産の「相続」は相続人にしかできない**ので、法定相続人がなく、遺言も残されていない場合はそうなるのです。

法定相続人はいないけれど、**親しい人やお世話になった人、自分の介護をしてくれた（将来してくれる）人などに財産を残したい**と考える人もいるでしょう。その場合は、**「遺贈《いぞう》」**という方法があります。

遺贈とは、遺言によって他人に無償で財産を与えることをいい、遺贈を受ける人を受遺者といいます。法人も受遺者になれるので、支援したいNPOなどの団体に、遺贈による寄付を行うこともできます（寄付を受け付けているかどうかの確認が必要です）。

相続人以外に財産を与えるには、**「死因贈与」**という方法もあります。死因贈与とは、「贈与者の死亡によって効力を生ずる贈与」という意味です。贈与を受ける人を受贈者といいます。どちらも、法定相続人がいる場合、「遺留分」が発生します。遺贈との大きな違いは、当事者同士の合意の有無です。

特別縁故者は財産を受け取れる

法定相続人がいない場合、故人と特に親しい関係にあった人が**「特別縁故者」**と認められ、故人の財産の全部または一部を受け取れることがあります。特別縁故者と認められるのは、内縁関係にあり**故人と生計を同じくしていた人、故人の療養看護に努めていた人など**です。特別縁故者と認められて、故人の財産を受け取るためには、故人の死後、**家庭裁判所への申立て**が必要です。

思わぬトラブル

いないと思っていた相続人が現れることも

遺贈や死因贈与は、相続人がいる場合でも行うことができますが、トラブルを避けるためには、相続人の理解を得ておくことや、相続人の遺留分を侵害しないことが重要です。

ところが、相続人はいないと思っていたのに、本当はいたというケースがあります。これは、故人が法定相続人に関する規定をよく理解していなかったときや、遺族や受遺者がその相続人の存在自体を知らなかったときに起こり得ることです。後者の典型的な例は、故人に隠し子がいて認知していた場合や、子のほうが死後認知を請求してきた場合です。相続人が行方不明で連絡が取れない場合は、その相続人の権利を守らなければなりません。

相続人以外に財産を残す方法

遺　贈

- 遺言書により行う（遺言書を作成できる年齢は15歳以上）。口頭では成立しない。
- 誰にでも遺贈できる。
- 法人にも遺贈できる。
- 相続の割合を指定する包括遺贈と、預金・家屋など特定の財産を与える特定遺贈がある。
- 包括受遺者は相続人と同等の立場になり、相続人がいるときは、相続人とともに遺産分割協議を行う。
- 包括受遺者は負債も承継する。
- 遺贈は受遺者の同意がなくてもできるが、受遺者は遺贈を放棄できる。
- 遺贈者が生存中はいつでも撤回できる。
- 受遺者に何らかの義務を負担させる「負担付遺贈」とすることもできる。受遺者は、遺贈の価額を超えない範囲で義務を履行する責任を負う（住宅ローンの残りの支払い、遺贈者の妻の扶養、ペットの世話など）。
- 個人への遺贈には相続税がかかる（配偶者・一親等の血族以外への遺贈では、相続税が2割加算される）。
- 不動産に関しては、法定相続人の場合は死因贈与より税金面で有利。
- 受遺者が先に死亡したときは効力を失う。
- 相続人への遺贈は特別受益になる（P.96～97）。

死因贈与

- 贈与ができるのは18歳以上（親権者の同意がある場合は18歳未満でもできる）。
- 誰にでも贈与できる。
- 贈与は当事者同士の契約なので、贈与者と受贈者が同意していることが必要。
- 口頭でも成立するが、トラブルを避けるには契約書の作成が必要。
- 死因贈与は、書面による契約が交わされていても原則として一方的に撤回できる（書面による生前贈与は撤回できない）。
- 受贈者に何らかの義務を負担させる「負担付死因贈与」とすることもできる（同居して介護などのサポートをしてもらうことを条件に、死後に自宅を贈与するなどの例がある）。
- 負担付死因贈与は、受贈者が義務を履行している場合は撤回できない（後から別の内容の遺言書を書いてもこちらが優先される）。
- 個人への死因贈与には相続税がかかる（２割加算については遺贈の場合と同様）。
- 不動産に関しては、遺贈より税金面で不利。
- 受贈者が先に死亡した場合については見解が分かれているが、契約を有効とした判例もある（この場合、死亡した受贈者の相続人が財産を受け取る）。
- 相続人への死因贈与は特別受益になる（P.96～97）。

相続人がいないときの手続きの流れ

家庭裁判所が相続財産清算人を選任する
→ 家庭裁判所が相続財産清算人を選任した旨を公告
→ 相続財産清算人が相続財産の目録を作成
→ 債権者・受遺者への公告・催告
→ 相続人の捜索／債権者・受遺者への弁済
→ 相続人の不存在が確定
→ 受遺者、特別縁故者への財産分与
→ 残りの財産は国庫へ

債権者、受遺者、特別縁故者などの利害関係者か検察官が選任の申立てを行う。

どちらがお得？ 生前贈与と相続

財産を与えたい人に確実に渡したいなら、生前贈与という方法もあります。生前贈与は、節税対策になる場合もあります。

生前贈与には贈与税がかかる

誰かに財産を与える方法としては、「**生前贈与**」という選択肢もあります。配偶者や子に生前贈与する例が一般的ですが、**贈与する相手は誰でもかまいません。**ただし、贈与は契約ですから、**当事者間の合意が必要**です。

相続や遺贈、死因贈与の場合、受け取った財産は相続税の課税対象になりますが、**生前贈与に課されるのは贈与税**です。

相続税にも贈与税にも基礎控除がありますから、**財産の価値の合計額が基礎控除額以内であれば非課税**となり、申告の必要はありません。財産の価値の合計額が**基礎控除額を超える場合は、その超える分が課税対象**になり、申告して税金を納めなければなりません。

では、相続と生前贈与では、税金はどちらが安くなるのでしょう。将来、値上がりが予想されるものは生前贈与が有利になることもありますが、一概に言えません。贈与・相続の検討時に、税理士に相談するといいでしょう。

特別受益とみなされる場合

生前贈与でもう一つ注意しなければならないのは、**特別受益**になる場合です。これは、贈与者が死亡したときに相続人になる人に生前贈与をしていた場合に生じる問題です。

相続人が被相続人から生前贈与（ただし、すべての生前贈与ではない）を受けていた場合、法律上は、**遺産の前渡しが行われたものとして遺産分割を行うこととされているので、贈与を受けた相続人の相続分から、贈与を受けた分が引かれてしまうのです。**これを「特別受益の持戻し」といいます。そうしたくない場合は、遺言書により、特別受益の持戻しを免除する意思を示す必要があります。遺贈、死因贈与は、すべて特別受益になります。

思わぬトラブル 「みなし贈与」に注意！

当事者に贈与を行ったという自覚がなくても、贈与とみなされてしまうことがあります。これを「みなし贈与」といいます。

住居などの財産を一般的な価額よりも著しく低い価額で譲渡された場合、その差額が贈与とみなされ、税務署から贈与税の申告漏れを指摘されることがあります。借金の肩代わりをして返済を求めない場合や、借金の返済を免除した場合なども贈与とみなされます。夫婦の共有名義（持ち分が1/2ずつ）で自宅を購入したときに、どちらかの負担額が少なかった場合も、その差額が贈与とみなされます。このような事態を避けるには、贈与に当たるかどうかを、その都度、きちんと確かめることが重要です。

生前贈与と相続税・贈与税

生前贈与にかかる贈与税

暦年贈与の場合

1人の受贈者に1年間に贈与された額

基礎控除 110万円	110万円を 超える分

この部分が贈与税の課税対象

- 贈与税は税率10～55%の累進課税。
- 贈与者が死亡し、受贈者が相続人になった場合、死亡前7年以内に行われた贈与（死亡前3年超7年以内に行われた贈与については贈与により取得した財産の価格の合計額から100万円を差し引いた残額）は相続税の課税対象となり、贈与時に支払った贈与税がある場合には相続税から差し引かれる。

相続時精算課税制度を利用した場合

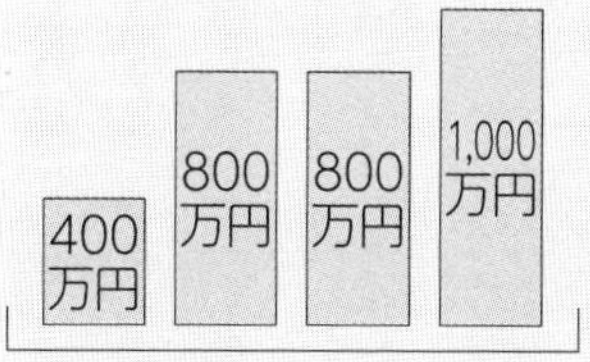

	400万円
	800万円
	800万円
	＋　1,000万円
	合計3,000万円
1人の贈与者が、死亡するまでに受贈者に贈与した額の合計	3,000万円
	－　2,500万円
	500万円

500万円×0.2＝**100万円** … 贈与時の納税額

- 2,500万円までの贈与は、贈与税は非課税。
- 2,500万円を超える贈与額については、一律20%の贈与税がかかる。
- 贈与者が死亡し、受贈者が相続人になった場合、贈与を受けた金額が相続税の課税対象になる。贈与時に贈与税を支払っている場合には、相続税から差し引かれる。
- 2024年1月以降に行われた贈与については、年間110万円までは基礎控除額以内であるため贈与税がかからず相続税の課税対象にならない。
- 相続時精算課税制度を利用できるのは、原則として、60歳以上の父母または祖父母が成人した子または孫に生前贈与を行う場合。
- 相続時精算課税制度を利用すると、通常の暦年贈与に戻すことはできない。
- 相続時精算課税制度を利用して宅地などの贈与を受けた場合、相続時に小規模宅地などの相続税評価額が減額される特例を使えなくなる。

生前贈与

- 贈与ができるのは18歳以上（親権者の同意がある場合は18歳未満でもできる）。
- 誰にでも贈与できる。
- 贈与は当事者同士の契約なので、贈与者と受贈者が同意していることが必要。
- 口頭でも成立するが、トラブルを避けるには契約書の作成が必要。
- 書面による生前贈与は撤回できない。
- 口頭による（書面によらない）生前贈与はいつでも撤回できるが、すでに履行された部分については撤回できない。
- 1年につき110万円を超える贈与には、贈与税がかかる。
- 相続人への生前贈与は、下記①～③の場合、特別受益になる。
  - ①婚姻のために贈与を受けた場合
  - ②養子縁組のために贈与を受けた場合
  - ③生計の資本として贈与を受けた場合（住宅購入資金や、独立開業のための資金の援助を受けた場合などが当てはまる）

相続税の基礎控除

相続税は、遺産の総額から右記の基礎控除額を差し引いた金額にかかります。税率は10～55%の累進課税です。贈与を検討する場合、相続税についても考慮する必要があります。

3,000万円＋（600万円×法定相続人の数）

相続人が1人なら 3,600万円
相続人が2人なら 4,200万円
相続人が3人なら 4,800万円

遺言書に書く内容と効力

遺言書に書くことがらのうち、法的効力を持つのは、遺産相続に関することなど、いくつかの事項に限られています。

法的効力を持つ遺言とは

一般に、**死後のために自分の意思を言い残したり、書き残したりしておくことを遺言といいます。**他方、遺言とは、民法により厳密に規定された法律用語でもあります。法律用語として扱う場合は、「ゆいごん」でなく「いごん」と読むのが普通ですが、読み方はどちらでも問題ありません。

遺言は、遺産相続を含むいくつかの事項については、法的な効力をもちます。それらの事項を、法定遺言事項（P.99）といいます。ただし、**遺言が法的な効力をもつためには、民法に定められた方式に従って正しく書かれていなければなりません。**

遺言書には、法定遺言事項以外の内容を書くこともでき、付言事項と呼ばれます。**葬儀に関する希望や、妻の扶養、子の養育に関する要望などを付言事項として書くこともありますが、それらに法的な効力はありません。**

遺言書は何度も書き直せる

法律で認められた遺言書の方式には、自筆証書遺言、公正証書遺言、秘密証書遺言の3種類があります（このほかに、死期が迫った人などに認められる特別方式遺言があります）。

遺言書は、生きている間なら、何度でも書き直すことができます。ですから、まずは練習のつもりで、一度、遺言書を書いてみることをおすすめします。

遺言書を自分で書く場合は自筆でなければなりませんが、**パソコンを使い慣れているなら、まずパソコンで下書きをし、文面が決まってから手書きで清書してもいい**のです。自分が一番書きやすい方法で書いてみましょう。

遺言書を書いておく必要があると思っていながら、なかなか実行できずにいる人も多いはずです。最初の一歩を踏み出しましょう。

思わぬトラブル　遺言書が複数出てきたら？

故人が何度も遺言書を書いていた場合、複数の遺言書が見つかることがあります。そのうえ、遺言書の内容が食い違っていたら、どの遺言に従えばいいのでしょうか。複数の遺言書の内容が矛盾している場合は、日付が新しいほうの遺言が有効になります。この場合、後の遺言で前の遺言を撤回したものとみなされるからです。日付が書かれていない遺言書はそもそも無効です。内容が矛盾していない部分については、どちらの遺言も有効になります。

とはいえ、混乱を避けるためには、新しい遺言書に以前に書いた遺言を撤回する旨を明記し、全部書き直すのが確実です。

遺言書の書き方の例

自筆証書遺言の場合、財産目録以外はすべて手書きでなければなりません。

預貯金は、別紙を参照させる代わりに、銀行名・支店名・口座番号を記入してもOK。

付言事項には、このような遺産分割をする理由、家族に対する感謝の気持ちなどを記します。そのほか、葬儀に関する希望など、何を書いてもかまいませんが、あまり長くなりすぎないように。

〈自筆証書遺言の例〉

遺言書

1　遺言者池田健一は、遺言者の所有する別紙1の不動産を、妻池田直美に相続させる。

2　遺言者池田健一は、遺言者の所有する別紙2の預貯金のすべてを妻池田直美に相続させる。

3　遺言者池田健一は、遺言者の所有する別紙3の預貯金のすべてを○○株式会社に遺贈する。

本遺言書の遺言執行者に、次の者を指定する。

東京都新宿区○○ ○丁目○番○号
浅田修（浅田弁護士事務所・弁護士）

付言事項があればここに記入

○年○月○日
住所　東京都新宿区○○ ○丁目○番○号
遺言者　池田健一 ㊞

不動産については別紙の財産目録に記し、登記簿謄本を添えて参照させるようにします。財産目録はパソコンで作成してもOK。

法定相続人に対しては「相続させる」、法定相続人以外の人に対しては「遺贈する」と書きます。「与える」「譲る」のようなあいまいな表現はNG。

日付と署名・押印のない遺言書は無効になります。「○年○月吉日」のような表現もNG。

自筆証書遺言を法務局で保管してもらう場合は、地紋・彩色などのないA4の用紙を使用し、規定の余白を確保しなければなりません。

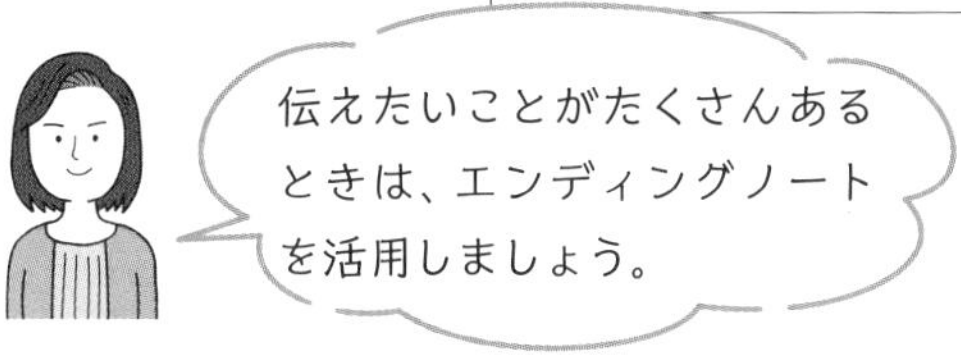

法定遺言事項に含まれるもの

相続分の指定	遺産分割方法の指定	遺産分割の禁止（5年を超えない期間）	
特別受益の持戻し免除（96ページ参照）	推定相続人の廃除・廃除の取消※1	遺　贈	
子の認知	遺言執行者の指定	生命保険金の受取人の変更	祭祀主宰者※2の指定

※1 推定相続人の廃除とは、被相続人が死亡したときに相続人になる者が、被相続人に対して、虐待、重大な侮辱、そのほかの著しい非行を行った場合に、家庭裁判所に請求して相続権を失わせることをいう。推定相続人の廃除と廃除の取消は、生前に請求することも、遺言により意思表示することもできる。後者の場合、遺言執行者が請求の手続きを行う。

※2 祭祀主宰者とは、先祖代々の墓などの祭祀財産を受け継ぐ人のこと。

遺言書の書き方

どちらを選ぶ? 遺言の種類

自分で、手書きで書く自筆証書遺言と、公証人に作成してもらう公正証書遺言。それぞれの特徴を知っておきましょう。

自筆証書遺言は手書きで作成

P.99で紹介した**自筆証書遺言は、その名のとおり自分で、手書きで書く遺言書**です。紙と筆記用具と印鑑さえあれば、今すぐにでも作成できますし、費用もかかりません。その手軽さの半面、デメリットもあります。

一番心配なのは、**形式に不備があると無効になってしまう**ことです。「遺言書」という標題、作成の年月日、遺言者の住所、氏名、押印は必須です。また、書き損じた場合、訂正方法を間違えると無効になるおそれもあります。自分で保管する場合は、**紛失したり勝手に破棄されたりするおそれ**もあります。

自筆証書遺言は、以前は自分で保管するしかなかったのですが、２０２０年から、**法務局で遺言書を保管してもらえる**制度が始まりました。この制度を利用すれば、遺言書の紛失や隠匿、改ざんのリスクを回避できます。

信頼性が高い公正証書遺言

公正証書遺言は、公証役場で作成してもらう遺言書です。公証役場とは、法的な文書や契約書が、公的に承認されたものだと証明する公的機関です。その最大のメリットは、**信頼性の高さ**です。公正証書遺言の原本は公証役場で保管され、必要に応じて何部でも謄本を発行してもらえます。

公正証書遺言を作成するには、**遺言者と相続人、受遺者全員の戸籍謄本**などをそろえなければなりません。法人であれば登記簿謄本が必要になります。そのための時間も考慮すると、遺言書の作成には2週間から1か月くらいかかります。費用は財産の総額によって異なりますが、数万円はかかります。

秘密証書遺言は、遺言の内容を、公証人も含めて誰にも知られたくない場合に作成するものですが、あまり利用されていません。

相談窓口

▶遺言書に関する相談や、遺言書の文案作成の依頼は

司法書士または行政書士

相続人が多い場合や、不動産や有価証券などの財産が多い場合は、遺言書に書く内容もかなり複雑になるので、書き間違いや形式の不備も起こりやすくなります。そんなときは、司法書士、行政書士などの専門家に依頼して、遺言書の文案を作成してもらうこともできます（費用はかかります）。自筆証書遺言の場合は、それを手書きで書き写せばいいのです。

公正証書遺言の作成のサポートも依頼できますし、遺言書や相続全般に関する相談もできます。初回の相談を無料にしているところもあります。司法書士や行政書士は、職権により第三者の戸籍謄本や住民票の写しの交付を請求できるので、戸籍謄本の取り寄せを代行してもらうこともできます。

遺言の種類とメリット・デメリット

自筆証書遺言

- ●自宅で(どこでも)手軽に作成できる。
- ●費用がほとんどかからない。
- ●時間もそれほどかからない。
- ●気軽に書き換えられる。
- ●形式に不備があると無効になってしまう。
- ●本人の筆跡かどうか疑われることがある。

〈自分で保管する場合〉

- ●保管場所に悩む。
- ●紛失・亡失・隠匿・破棄・改ざんのおそれがある。
- ●遺言書が発見されないおそれがある。
- ●遺言者の死亡後、遺言書を家庭裁判所に提出して、検認を受けてからでなければ、遺言を執行できない。
- ●封印した場合、検認を受けるまで開封できない(開封しても無効にはならないが、5万円以下の過料に処されることがある)。

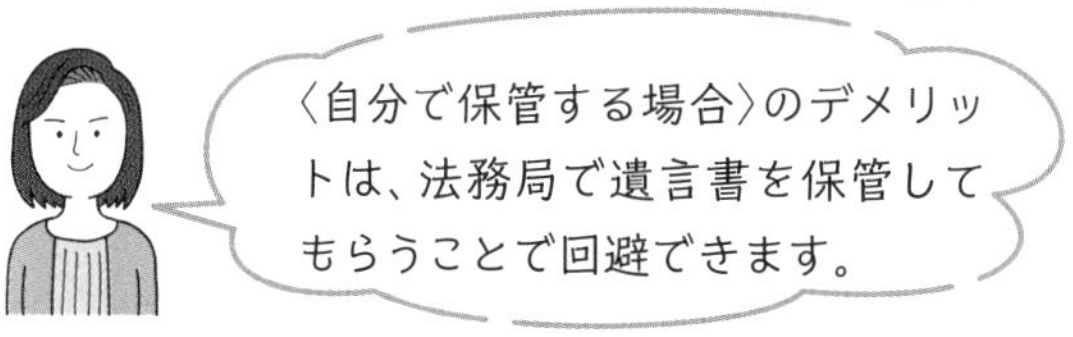

公正証書遺言

- ●公証役場に保管されるので、紛失・亡失・隠匿・破棄・改ざんのおそれがない。
- ●公証人が遺言者の口述を聞き取って作成するので、形式の不備により無効になるおそれがない。
- ●謄本を何度でも発行してもらえる(原本は公証役場に保管されている)。
- ●家庭裁判所での検認の手続きが不要。
- ●全国の公証役場で利用できる遺言検索システムで、遺言の有無を確認できる。
- ●病気や障害などで字が書けない人も作成できる。
- ●公証人に自宅や病院に来てもらって作成することもできる(ただし出張費用がかかる)。
- ●聴覚・言語機能に障害がある人も利用できる(口述に代えて手話通訳や筆談を用いる)。
- ●時間と手間がかかる。
- ●費用がかかる。
- ●時間や費用がかかるので、簡単に書き換えることができない。

法務局による自筆証書遺言書保管制度

2020年7月から、法務局で遺言書を保管してもらえる、自筆証書遺言書保管制度が始まりました。この制度を利用すると、遺言書の紛失・亡失のおそれがなくなるだけでなく、遺言者の死亡後に家庭裁判所で受ける検認の手続きも不要になります。遺言書の原本は、遺言者の死亡後50年間、画像データは150年間保存されます。ちなみに、公正証書遺言の原本の保存期間は、遺言者の死亡後50年、証書作成後140年または遺言者の生後170年とされています。

相続開始後、相続人等は、法務局で遺言書の原本またはデータを閲覧し、遺言書情報証明書の交付を受けることができます(原本の閲覧以外は、全国のどの法務局でもできます)。

相続人のうちの誰かが遺言書を閲覧し、または、遺言書情報証明書の交付を受けたときは、その他のすべての相続人に、遺言書の存在を知らせる通知が届きます(関係遺言書保管通知)。また、相続人が手続きを行って指定した人に対しては、閲覧等が行われなくても通知されます(指定者通知)。2023年10月から、対象者を3名まで指定できるようになりました。

遺言書の保管を申請する際に、民法で定められた自筆証書遺言の方式を満たしているか、チェックしてもらえます(ただし、遺言書の効力を保証するものではありません)。保管されている遺言書を書き換えたいときは、「遺言書の保管の申請の撤回」の手続きを行い、書き直した遺言書を再び保管してもらいましょう。

遺言書の保管にかかる手数料は、遺言書1通につき3,900円です。なお、すべての手続きに予約が必要です。

事例から学ぶ

相続のトラブルを防ぐ

残念ながら遺産相続をめぐるトラブルは絶えません。トラブルを未然に防ぐにはどうしたらいいのでしょうか。

協議で解決しないとどうなる?

相続人が2人以上いる場合、**相続人どうしで遺産の分け方について話し合う**必要があります。その話し合いを、**遺産分割協議**といいます。遺言書が存在し、遺言のとおりに遺産分割を行うことに誰も異存がない場合は、遺産分割協議を行う必要はありません。

協議の結果、**相続人全員の合意が得られたら、遺産分割協議書を作成します。**相続人全員の合意さえあれば、法定相続分と異なる割合の遺産分割や、遺留分の請求など遺言の内容と異なる遺産分割もできます。すべての相続がそのように円満に進められるといいのですが、現実には、相続をめぐってトラブルになるケースが少なくありません。

協議で合意が得られない場合は、家庭裁判所に申し立てを行い、調停委員が加わって調停手続きを行います。それでも解決しないときは審判手続きが行われ、裁判官がさまざまな事情を考慮して遺産の分け方を決めます。

そもそも、遺産分割の前提となる遺産の範囲についても合意できていない場合は、裁判で決着をつけることになります。

相続でトラブルになる要因

遺産相続でトラブルになりやすい要因を、いくつかあげておきます。

- 兄弟姉妹の仲が悪い（相続をきっかけに関係がこじれることもある）。
- 遺言の内容が不公平。
- 遺産の中に不動産がある。または住んでいる不動産しかない。
- 親の介護の負担が1人に偏っていた。
- 使い込みがあった。

では、このような場合でもトラブルを避けられるいい方法はあるのでしょうか。次ページにあげた事例をヒントに考えてみましょう。

相談窓口

▶相続のトラブルが避けられないときは

弁護士

法律の専門家の中でも、紛争が起きたときに当事者の代理人として相手側と交渉できるのは弁護士だけです。費用はかかりますが、トラブルに発展することが確実な場合は、最初から弁護士に相談するのがいいでしょう。

▶遺産分割協議書の作成は

行政書士または司法書士（不動産の相続登記を伴う場合）

どうにか話し合いで解決したいと相続人全員が考えている場合は、最終的に遺産分割協議書を作成することになります。自分でも作成できますが、専門家に依頼するのが確実。司法書士は不動産の登記もできます。

遺産相続のトラブル事例と解決策

ケース1 自宅が唯一の遺産 どう分ける？

Aさんの夫Bさんが死亡し、自宅以外の相続財産はほとんどなく、遺言もない。Bさんの兄Cさんは、Aさんが自宅を相続することには合意しているが、相続放棄をするつもりはなく、自分の法定相続分1/4に相当する代償金の支払いを求めてきた。しかし、Aさんにそれを支払う余裕はない。

⇒夫が、妻に全財産を相続させる遺言を残していれば、この問題は起きなかった。一つの解決方法として、Aさんが生涯自宅に住み続ける「配偶者居住権」を相続し、Cさんが住宅の所有権を相続する方法がある。また、この場合、Aさんには、最低6か月は自宅に住み続けられる「配偶者短期居住権」が自動的に発生するので、その間に賃貸住宅などに引っ越しし、自宅を売却してその代金をCさんと分割相続する方法もある。

ケース2 夫の死後に、隠し子がいたことが発覚

夫が死亡し、妻は、自分が唯一の相続人になると思っていたが、相続手続きのために夫の出生から死亡までの戸籍謄本を取得したところ、夫に認知した子がいることが判明。

⇒この場合、妻と子の法定相続分は1/2ずつになる。夫が、妻に財産すべてを相続させる遺言を残していたとしても、子には1/4の遺留分があり、子の存在を無視して相続手続きを進めることはできない。

こうするといい！ 介護の負担も考慮される「寄与分」と「特別寄与料」

相続の際に、兄弟姉妹の間でもめごとの種になりやすいのが、親の介護の問題です。介護した人には、その分だけ多く遺産をもらってもいいはずだという言い分がありますし、ほかの兄弟姉妹にも、それ以外の形で親孝行しているという言い分があるかもしれません。話し合いで解決しない場合はどうなるのでしょう。

介護した人がその費用を出し、または無償で介護したことで、被相続人の財産の維持または増加に寄与したと認められる場合は、その分を「寄与分」として法定相続分に加えられることがあります。

では、相続人ではない親族、例えば、故人の長男の妻が、義父や義母の介護をしていた場合はどうでしょう。この場合、相続人に対して、「特別寄与料」を請求することが認められています。

しかし、寄与分も特別寄与料も、要求すれば必ずもらえるという保証はありません。介護してくれた人に感謝のしるしとして財産を与えたいなら、その意思を遺言書に書き残しておいたほうが、実現する可能性は高そうです。

財産を託す

民事信託で財産を管理

民事信託は近年注目されている新しい財産管理の手法。ある程度の資産がある人には有力な選択肢の一つになりそうです。

生前から財産管理をしてもらえる

信託というと、信託銀行に財産を預けて運用してもらうことを思い浮かべる人もいるかもしれません。信託銀行や信託会社が営利目的で行うそのような信託業務を、商事信託といいます。これに対して、**家族・親族などの信頼できる相手に財産を預けて管理してもらうことを、民事信託といいます。**民事信託が本格的に活用されるようになったのは、2006年に信託法が改正され、翌年に施行されてからなので、割合最近のことです。

民事信託の大きな特徴は、**生前の健康なうちから財産を管理してもらえる**こと、**認知症などで判断能力が衰えたときも、引き続き財産管理をしてもらえる**こと、そして、**自分が死亡した後の財産の運用・処分の仕方まで指定できる**ことです。

民事信託と部分的に似た役割をもつものに、任意後見制度（P.36）がありますが、財産の積極的な運用もできることなどから、民事信託のほうがより自由度の高い制度といえます。ただし、**民事信託では、生活・医療・介護などに関する法的な手続き（身上監護）はできません。**

民事信託にかかわる3つの役割

民事信託には、**財産を預ける委託者、財産を管理する受託者、財産から生じる利益を受け取る受益者**の三者が関係します。そのうち2つ以上の役割を同一人物が兼ねることもあります。その組み合わせと契約の内容により、さまざまなことができるようになっています。そのすべてをここで説明することはできませんが、次ページにあげた例を見て、民事信託のイメージをつかんでください。

相談窓口

▶民事信託の契約書作成の依頼は

司法書士または税理士

民事信託の契約を結ぶには、契約書を作成する必要があります。契約書は、当事者間で相談して作成することももちろんできますが、どのような契約内容にするかをよく考えて、きちんとした契約書の形にするのは、やはり、専門家でなければなかなか難しいでしょう。実際には、司法書士や税理士に依頼する例が多いようです。民事信託がさかんに活用されるようになってからまだ年数が浅いので、そうした専門家でも、豊富な経験を積んでいる人はそれほど多くありません。民事信託に強い依頼先を選ぶことが肝心です。

契約書は、公正証書にすることにより、法的な証拠力の高いものとなります。のちのトラブルを避けるためにも、公正証書にしておくのがいいでしょう。そのための費用も含めると、少なくとも全部で数十万円はかかります。

民事信託の仕組み

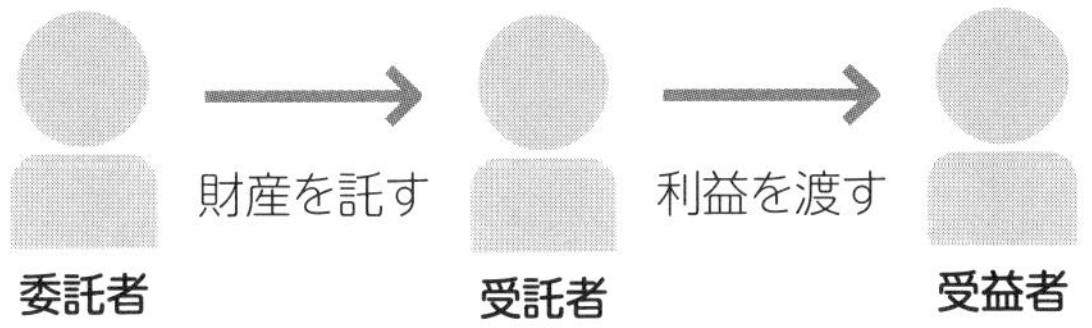

3つの役割のうち、2つ以上を同一人物が兼ねてもいい。

民事信託でできること

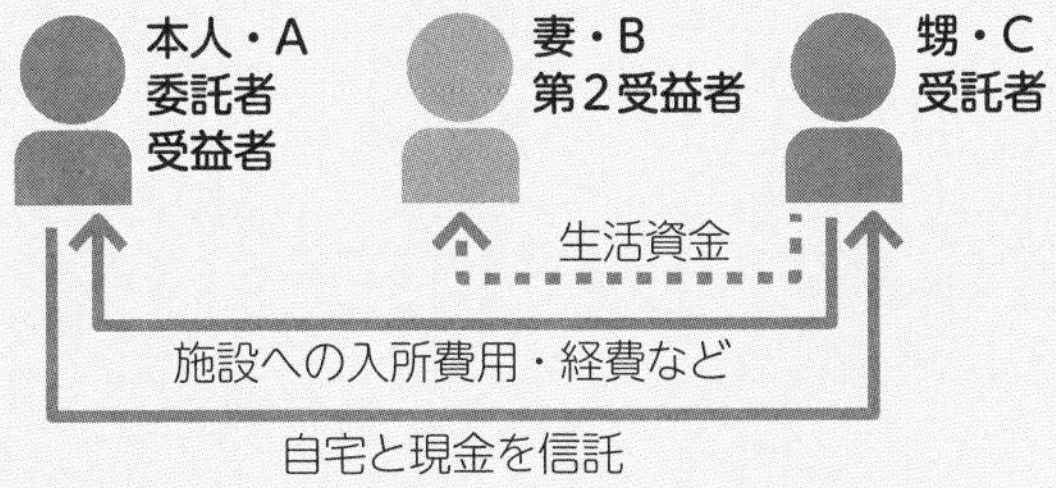

子のいないAさんは甥のCさんに自宅と現金3,000万円を信託。Aさんが認知症で要介護となった場合は、Cさんは、信託された現金の中から、施設の入所費用と諸経費を支払うこととした。Aさんが死亡した後は、妻のBさんが受益者となり、Cさんから生活資金を受け取る。Bさんが施設への入所を希望した場合は、Cさんが信託財産である住宅を売却して、Bさんの入所費用に充てることもできるようにした。Bさんも死亡したときは、残りの財産はCさんのものになり、信託は終了。

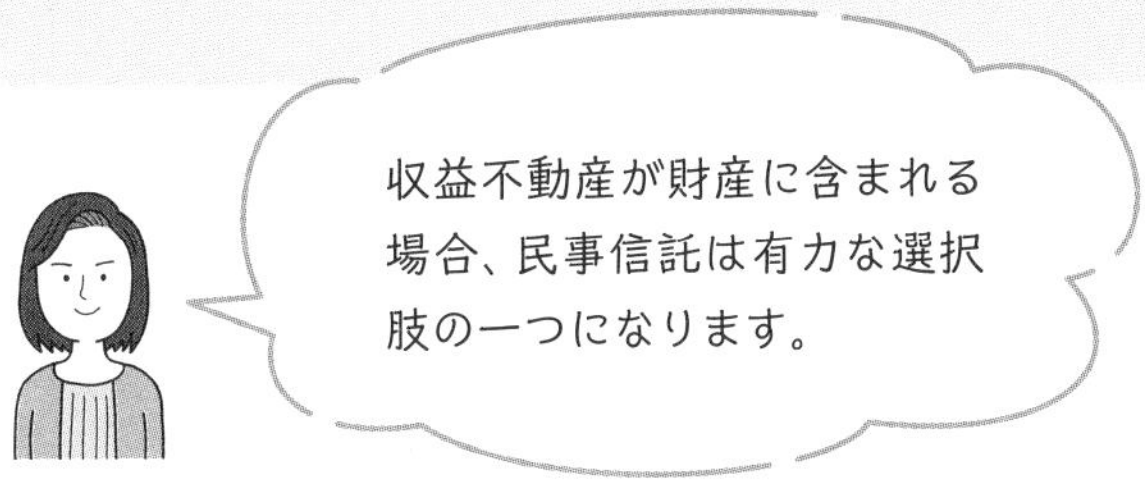

任意後見制度との比較

	民事信託	任意後見
開始時期 終了時期	通常は契約と同時に開始（本人が健康なうちから財産管理を任せられる）。 どの段階で信託を終了するかは、契約で決める（本人の死後も継続可能）。	本人が認知症などで判断能力が不十分になった段階で財産を管理。 本人の死亡により終了する。
財産管理	契約の趣旨に合う範囲で、投資・運用・財産の売却などができる。	財産を守ることが目的なので、リスクを伴う運用などはできない。
身上監護権	なし	あり
報酬	契約書に報酬の規定がない場合は無報酬となる。報酬を与えることで、生前贈与と同じ効果が得られる（受託者は信託財産から贈与を受けることはできない）。	任意後見監督人への報酬が必要。任意後見人への報酬は契約によるが、弁護士などの専門職に依頼する場合は月数万円程度。親族の場合は無報酬にすることも。

親の終活

両親を見送る日のために

うちの親はまだ元気だから心配ないと思っていませんか。元気なうちだからこそ考えておきたいのが親の終活です。

親の財産を把握しておく

若い方なら、両親ともまだまだ健在という人も多いでしょう。元気でいられる限り、親にはできるだけ長生きしてほしいものです。とはいえ、年を取れば身体もだんだん衰えて、病気にもかかりやすくなります。介護が必要になることもあります。そして**いつかは、親を見送らなければならないときがやってきます。**その日までのこと、そして、その日を迎える前にしておかなければならないことをしっかり考えて、できることから実行していきましょう。いわば「親の終活」です。

そのときに**避けて通れないのは、親の経済状況や財産を把握すること**です。老後の生活を年金だけで賄うことは困難になっている時代ですが、そのための貯えはどれくらいあるのか。病気をしたり、介護が必要になったりしたときは、誰が世話をし、その費用は誰が払うのか。葬儀や埋葬にかかる費用の用意はあるのかといったことを考えておく必要があります。

そして、最後に残るのが相続の問題です。**財産を誰に、どれだけ残すのかを考えてもらい、できれば遺言書を書いてもらう**ことが、のちのトラブルを避けるためにも大事です。

率直に話し合える関係を築く

親との間に、このような話題をざっくばらんに話し合えるような関係が築かれていれば問題ないのですが、そうでない場合は、急に財産や相続の話を持ち出したりしたら、聞かれたほうは気分を害してしまうでしょう。

親のほうも、自分の老後のことや、自分がいなくなった後のことが気になっているのです。自然にそんな話題になったときに、少しずつ話し合ってみてはいかがでしょう。

Check!

まずは、あなたと親との関係をチェック

- ☐ 両親ともに健在
- ☐ 両親のどちらかが健在
- ☐ 親と同居している
- ☐ 同居していないが、近くに住んでいる
- ☐ 住まいは遠く離れているが、頻繁に連絡している
- ☐ 長い間顔を見せていないし、連絡もしていない
- ☐ 親のことは、兄弟姉妹の誰かに任せきりだ

親の終活のために考えること

親の終活について考えることは、自分の終活について考えることと何も変わりません。ただ、立場が逆になるだけです。ですから、この本に書かれていることはすべて、親の終活の参考にもなるはずです。

父親や母親と話し合って、一緒に考えて決めたことが、自分自身の終活にもきっと役立つに違いありません。

- プラスの財産、マイナスの財産をまとめて整理する　➡10〜11ページ、88〜89ページ
- 身のまわりのものを整理し、必要なものだけを残す　➡18〜21ページ
- 日常の買い物や外出をサポートしてくれるサービスを利用する　➡40〜41ページ
- 介護保険のサービスを利用する　➡42〜49ページ
- 老後の住まいについて考える　➡48〜59ページ
- 病気で入院が必要になったときに備える　➡66〜77ページ
- 認知症で判断能力が低下した場合に備える　➡22〜23ページ、26〜29ページ、104〜105ページ
- 終末期の医療やケアに関する希望を聞いておく　➡62〜63ページ
- 葬儀・埋葬に関する希望を聞いておく　➡12〜13ページ、80〜83ページ
- 亡くなった後に、財産をどうしたいか決めてもらう　➡88〜91ページ
- 生前贈与を検討してもらう　➡96〜97ページ
- 遺言書を書いてもらう　➡98〜101ページ

相続税対策のためにできること

①生前贈与する

生前贈与で相続財産を減らしておけば、相続税の節税にはなりますが、贈与税のほうが高くなっては節税の意味がありません。1年につき110万円以下の贈与であれば贈与税はかかりませんが、被相続人が死亡する7年前までの贈与分は相続税の課税対象になります（P.97）。毎年同じ金額を定期的に贈与すると、あらかじめそういう約束があったとみなされ、その金額を一度に贈与したものとして課税されてしまうことがあるので注意しましょう。

②生命保険の非課税枠を利用する

生命保険金は相続財産には含まれませんが、生命保険の保険料を故人が負担していた場合、相続税の課税対象になります。ただし、「500万円×法定相続人の数」までは非課税となります。なお、保険金の受取人が保険料を負担していた場合は、相続税でなく所得税がかかります。

③小規模宅地等の特例を利用する

被相続人が住んでいた宅地や事業をしていた土地を、配偶者や同居していた親族、事業を引き継いだ人などが相続した場合、相続税の評価額を最大80％減額できる制度があります。故人が亡くなる前に老人ホームに入居していた場合も、要件を満たしていれば適用を受けられます。

④不動産で相続させる

相続税では、建物は固定資産税評価額、土地は路線価で評価されるので、市場の時価よりはかなり低い評価額になります。更地に賃貸住宅を建てると、評価額から借家権と借地権の分を減額でき、さらに有利になります。賃貸住宅を贈与してしまえば、その後の家賃収入は受贈者のものになるので、相続税の節税になります。

⑤配偶者控除を利用する

被相続人の配偶者は、取得した遺産が1億6,000万円以下または法定相続分以内であれば、相続税を課されません。妻と子が法定相続人の場合、妻にすべての財産を相続させてしまえば、相続税がゼロになるケースが多いでしょう。ただし、妻から子への相続のときに、子に多額の相続税がかかるおそれがあるので要注意です。

困ったときの相談先

快適なセカンドライフ、エンディングライフを送り、死後の憂いをなくすためにやれることを進めましょう。困ったときの相談先をまとめました。

日常生活	外出支援やちょっとした片付け、手入れを手伝ってほしい	社会福祉協議会、地域包括支援センター ケアマネジャー
	ボランティアやサークル活動をしたい	社会福祉協議会、NPO法人など
	もう少し働きたい	ハローワーク「生涯現役支援窓口」 シルバー人材センター
住まい	自宅をバリアフリーにしたい	ケアマネジャー、地域包括支援センター、 市区町村の役所（高齢者福祉・介護課など）
	高齢者向け賃貸住宅の契約をしたい	市区町村の役所（高齢者福祉・介護課など）
入院	身元保証人が必要	市区町村の役所（高齢者福祉・介護課など）、地域包括支援センター NPO法人、民間の代行サービス
介護	介護サービスを受けたい	市区町村の役所（高齢者福祉・介護課など） 地域包括支援センター
相続	遺言書を書きたい	弁護士（トラブル可能性がある）、司法書士（不動産が含まれる）、行政書士（費用抑えたい、複雑でないもの）税理士（将来の税金を試算）、土地家屋調査士（土地評価額算出）など※いずれも相続専門とうたっているところがベスト 公証人役場、保管は法務局
お金	年金について知りたい	日本年金機構
	お金全般について知りたい	知るぽると（金融広報中央委員会）
契約	成年後見制度について知りたい	成年後見センター、社会福祉協議会

知っておきたい契約書

財産管理委任契約

- 銀行から預金を引き出して必要な支払いを託す
- 病院の入院・退院の手続き、施設への入所・退所の手続き、介護保険の認定申請、介護サービス利用に関する手続きを託す
- 役所の手続きを託す
- 家の監理を託す
- 容体が急変した場合の連絡先になってもらう
- 本人の意思を確認できない場合に治療方針を判断し医療行為の同意をしてもらう

死後事務委任契約

- 病院や施設への支払いを託す
- 葬儀の方式、埋葬方法、供養方法を託す
- 行政手続き死亡届、住民票の除票手続き、年金手帳や健康保険証などの返却手続き、運転免許証の返納、相続税支払い、保険金請求等各種手続きを託す
- 賃貸住居の契約解除と明渡しを託す
- 水道光熱費の支払いと解約を託す
- その他、各種契約の解約（SNSのアカウント削除など）を託す
- ペットの世話を託す

成年後見制度

①任意後見制度

- 将来認知症などで判断能力が低下した場合に備えて、あらかじめ財産管理や身上看護を代理してくれる人を選出し、公正証書で任意後見契約を結んでおく
- 認知症等を発症したときに、その契約にもとづいて任意後見人が本人を援助する

②法定後見制度

すでに認知症や精神疾患などのために判断能力が不十分な人を保護するために、周囲の人が家庭裁判所に申立てを行い家庭裁判所が成年後見人を選出し支援する制度

家族信託契約

- 信頼できる家族（受託者）に自宅や預貯金といった自分の財産を管理運用処分できる権利を託す

※財産権（財産から利益を受け取る権利）は所有者（委託者）にある

負担付死因贈与契約

- 契約事項を履行する代わりに自分の死後に財産を贈与する
- 贈与する人が死亡すると契約の効果が生じ、贈与を受ける人は契約した内容を放棄できない

さくいん

今の私の気持ち

これまでの人生を振り返ってみて思うことや、本書を通じて考えたことなどを書き記してみませんか。
「今の私」が整理され、大切にしたいこと、これからやりたいことが見えてくるでしょう。

12ページを記入しながら気になったこと、自分が大事にしていることなどを書いてみましょう。

大切な人へ伝えたいメッセージとして感謝の思いなど口では伝えにくいことをなど書いてみましょう。

自分の希望する葬儀の内容や埋葬方法について書いてみましょう。

その他書き留めておきたいこと、これからチャレンジしてみたいことを書いてみましょう。

佐々木 悦子（ささき えつこ）

一般社団法人日本エンディングサポート協会理事長。エンディングコンサルタント。
「24時間365日の葬儀やお墓の電話相談」を開設し、20年以上にわたって生活者の視点に立った具体的なアドバイスを行っている。「最期まで自分らしく生活をすることを応援する」をモットーに、全国各地で生前整理、葬儀・お墓の勉強会を開催し、消費者側に立った具体的なアドバイスや説明が人気で、参加者から厚い信頼を得ている。監修書に『もしものときの安心メモリー帖』（池田書店）、著書に『知っておきたいお葬式Q&A』（小学館）などがある。

［スタッフ］

執筆協力	村井正江（アイビー編集部）・大矢尚史
デザイン	土屋裕子・山中里佳（株式会社ウエイド）
イラスト	関 和之（株式会社ウエイド）
編集協力	株式会社エディポック
校閲協力	鎌田 智（鎌田法律事務所 弁護士）
校正協力	株式会社ぷれす・村上理恵

※本書に記載されている情報は、特記があるものを除いて2023年10月時点のものです。
制度の改正、費用の変更などの可能性もあります。

子がいない人の
終活・手続き あんしん帖

著　者	佐々木悦子
発行者	池田士文
印刷所	図書印刷株式会社
製本所	図書印刷株式会社
発行所	株式会社池田書店 〒162-0851 東京都新宿区弁天町43番地 電話 03-3267-6821（代） FAX 03-3235-6672

落丁・乱丁はお取り替えいたします。

ISBN978-4-262-16048-1

［本書内容に関するお問い合わせ］
書名、該当ページを明記の上、郵送、FAX、または当社ホームページお問い合わせフォームからお送りください。なお回答にはお時間がかかる場合がございます。電話によるお問い合わせはお受けしておりません。また本書内容以外のご質問などにもお答えできませんので、あらかじめご了承ください。本書のご感想についても、当社HPフォームよりお寄せください。
［お問い合わせ・ご感想フォーム］
当社ホームページから
https://www.ikedashoten.co.jp/

23000012